きれいに縫うための
パターン　裁断　縫い方　の
基礎の基礎

水野　佳子

文化出版局

CONTENTS

パターン作り ……8

道具 ……9

パターンの選び方 ……10
パターン仕上り寸法と参考ヌード寸法

パターン上の記号 ……11
- 布目線（地の目線）
- わに裁つ
- ダーツ
- タック
- ギャザー
- 突合せ

パターンを写す ……12
写す前に印をつける
- 色ペンで目印をつける

パターンの上に紙をのせる
直線を写す
曲線を写す
- Dカーブルーラーを使う
- Hカーブルーラーを使う

縫い代をつける ……15
注意したい縫い代つけ
- 前あきの衿ぐり
- パネルラインの袖ぐり
- 2枚袖

アイロンかけ ……18

道具 ……19
- アイロンの温度

基本のかけ方 ……20
地直し、しわを伸ばすかけ方
工程中のかけ方

地直し ……22

接着芯のはり方 ……23
基本のはり方

接着テープのはり方 ……24
基本のはり方
はる位置
カーブのはり方
- 凹カーブの場合
- 凸カーブの場合

接着芯・接着テープ ……26
接着芯
接着テープ
- 黒い芯とテープ

裁 断 ……28

道具 ……29

布地の重ね方 ……30
布地を合わせる
- 外表
- 中表

布地を二つ折りにして重ねる
- 幅の二つ折り
- 丈の二つ折り

布地を重ねるときの注意
- 布地をなでるようにすると……

裁合せ …… 32

裁合せ例
- パターンの上下をそろえて裁つ
- パターンの上下をそろえずに裁つ（差込み）

布地を裁つ …… 34

裁ちばさみで裁断する
- パターンをまち針でとめて裁つ
- 裁切り線をしるして裁つ

ロータリーカッターで裁断する

芯地の裁断 …… 37

全面芯
- 表布と接着芯をそれぞれ裁断する
- 表布と接着芯を粗裁ちして、芯をはってから裁断する

印つけ …… 38

布地の裏面に印をつける
布地の表面に印をつける
チョークペーパーを使わない印つけ
縫い代なしのパターンで裁つ
でき上り線をしるしたいとき
- 切りじつけ

布地の柄と方向性 …… 42
- 大きな柄
- 上下のある柄
- 方向のある柄
- 上下と方向のある柄
- チェック柄
- 毛足のある布地

柄合せ例
- 大きな柄
- チェック柄
- 布目を変えて裁つ
- コーデュロイ（コール天）

ミシンかけ …… 49

布と糸と針 …… 50
特殊素材
ニット地
- ロックミシンの糸

縫合せの基本 …… 54

道具 …… 55

まち針を打つ …… 56

基本の打ち方

針跡が残る場合

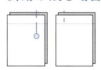

- クリップでとめる

しつけをかける …… 58

しつけのかけ方

- 2本どり
- 1本どり
- しろもの使い方

玉結び
- 指にからげて作る
- 針にからげて作る

玉止め

基本の縫い方 …… 62

試し縫いをする

縫い幅を決めて縫う

● ミシン上のガイド

● テープをはる

● ステッチ定規

返し縫い（職業用ミシン）
返し縫い（家庭用ミシン）

● 家庭用ミシンの針板
● ミシンの返し縫いボタン（レバー）を使わない返し縫い
● トレーシングペーパーを敷いて縫う返し縫い

縫い代を割る、片返しにする …… 68

縫い目を落ち着かせる

縫い代を割る

縫い代を片返しにする

きせをかける場合

筒の縫い代を割る、片返しにする

● アイロン台を使用する
● 袖まんじゅう・仕上げ馬を使用する

ウール地の縫い代を割る場合

● 厚地ウールの場合

縫い代・折り代の始末 …… 73

捨てミシン …… 74

縫い代を割る

縫い代を片返しにする

ジグザグミシン …… 75

布の内側にかける

 →

布の裁ち端にかける

ロックミシン …… 76

● 3本ロックのかがり目

- 4本ロックのかがり目

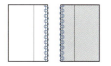

- 糸端を始末する場合
- 縫い代を割る

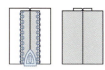

- 縫い代を片返しにする

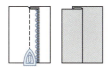

- 4本ロックで地縫いをする

袋縫い……78

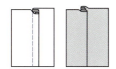

折伏せ縫い……79

シングルステッチ

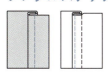

ダブルステッチ

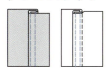

三つ折り……80

完全三つ折り

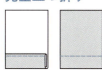

広幅の三つ折り

- 薄地は完全三つ折りがきれい

二つ折り……82

ステッチをかける

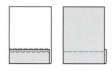

- 細かなアイロン作業に便利な竹定規

まつる

ニット素材にステッチをかける

縫い返す……84

縫い返す……85

毛抜き合せ

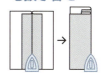

控える

角……86

凸角を縫い返す

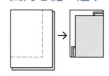

- 角を縫う
- 角を表に返す
- 角の縫い代がかさばる場合

凹角を縫い返す

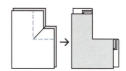

- 角の補強
- カッターで切込みを入れる

曲線 …… 90
凸曲線を縫い返す
● 曲線を縫う

● 曲線を表に返す

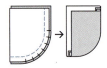

● 薄地など縫い代が透ける場合

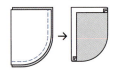

● きれいに仕上げるために

凹曲線を縫い返す

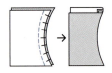

● 部分的に小さい曲線の場合

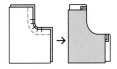

とがった凸角を縫い返す

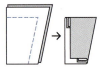

● 角の縫い代がかさばる場合

小さい曲線を縫い返す

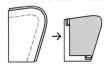

角と直線 …… 96
角と直線を縫い合わせる

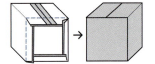

曲線と直線 …… 98
円と直線を縫い合わせる

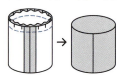

縁の始末 …… 99

バイアステープ …… 100
バイアステープの作り方
● 横地の布目ではいだ場合
● 四つ折りバイアステープの折り方

直線の縁とり …… 102
バイアステープをつける
● テープの上にステッチをかける

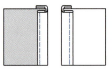

● テープの際にミシンをかける

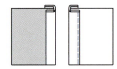

曲線の縁とり …… 104
凸曲線

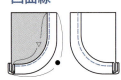

凹曲線

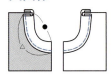

輪の縁とり …… 106
テープを重ねて縫う
テープをはいで縫う

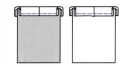 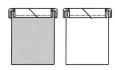

- 両折りバイアステープの折り方

見返しとして使う …… 108

直線

凸曲線
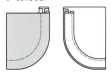

凹曲線
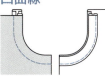

額縁 …… 110

二つ折り
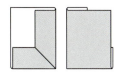

三つ折り
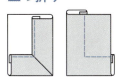

部分縫い …… 112

ダーツ …… 113
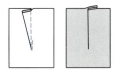

ギャザー …… 114

ギャザーを寄せる
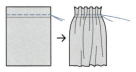

- 粗ミシンが大きすぎると……

スラッシュあき …… 116
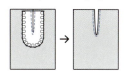

ひも …… 117

1枚布で作るひも

ファスナーつけ …… 118

コンシールファスナーつけ
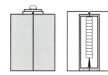

- コンシールファスナー押えを使う

パターンの補正 …… 121

丈の補正 …… 122

スカート丈を変える
- 裾線でスカート丈を補正する

パンツ丈を変える
- 裾線でパンツ丈を補正する
- パンツ丈の中間で補正する
- サイズについて

着丈を変える
- 裾線で着丈を補正する
- 着丈の中間で補正する

袖丈を変える
- 袖口線で袖丈を補正する
- 袖丈の中間で補正する

袖ぐりの補正 …… 130

ノースリーブ
- 曲線のはかり方

袖がつく場合
- パターンチェック

パターン作り

パターンとは、衣服などを作るときの型を紙に描いて切り抜いた、裁断用の型紙のこと。パターン作りは、着る人に合うサイズを選ぶことから始める裁断の準備です。
裁断してから裁ち間違いに気づいたり、縫い始めてから縫い合わせる寸法が合わなかったり、そんな不具合のないパターンを作りましょう。

道具

パターンを作るのにあると便利なもの。

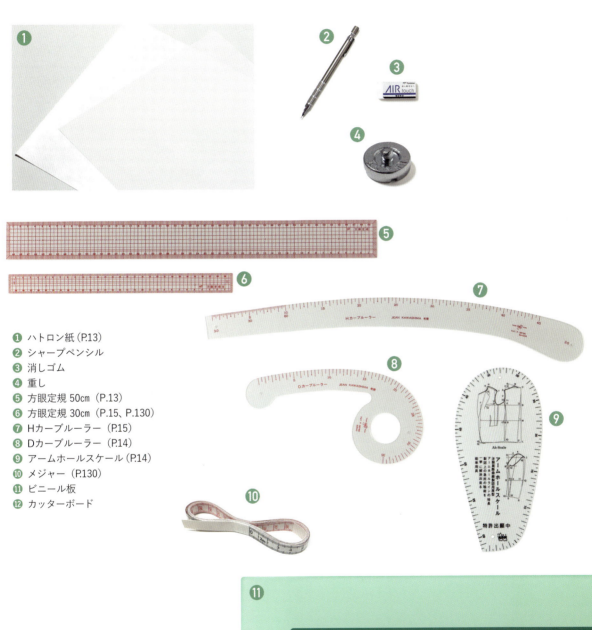

パターン作り ...... 道具

❶ ハトロン紙（P.13）
❷ シャープペンシル
❸ 消しゴム
❹ 重し
❺ 方眼定規 50cm（P.13）
❻ 方眼定規 30cm（P.15、P.130）
❼ Hカーブルーラー（P.15）
❽ Dカーブルーラー（P.14）
❾ アームホールスケール（P.14）
❿ メジャー（P.130）
⓫ ビニール板
⓬ カッターボード

パターンの選び方

ソーイング本付録の実物大パターンの中から、
着る人に合ったサイズを選ぶ。

パターン仕上り寸法と参考ヌード寸法

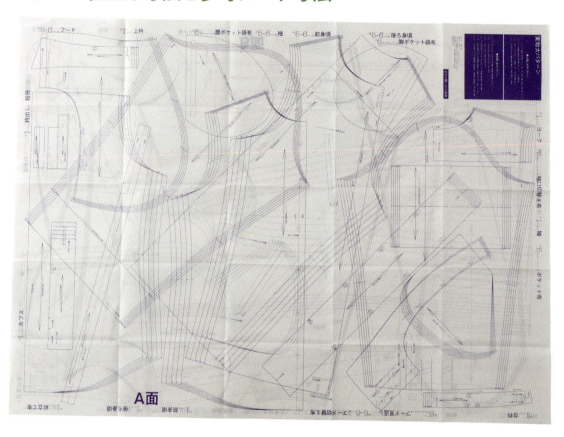

まず、着る人の寸法をはかる。
ソーイング本に記載のサイズ表から着る人の寸法に近いサイズを選ぶ。
サイズ表にはパターン仕上り寸法と参考ヌード寸法があり、ヌード寸法だけの場合もある。
仕上り寸法とは、ゆとり分が含まれたでき上り寸法のこと。
ゆとり分はアイテムやデザインにより異なり、ヌード寸法と比べてみて、
ゆとりがどれくらい入っているのかを知ることができる。
袖などの寸法は、パターン上ではかり、メジャーを体に当てて確認するといい。

パターン上の記号

実物大パターン上にある様々な記号の意味を覚える。

布目線（地の目線）
布地の耳に平行（縦地）に合わせる。

わに裁つ
わに裁つ位置を表わす線。
パターンの前中心、後ろ中心に多い。

ダーツ

タック

ギャザー

突合せ

パターン作り　パターン上の記号

パターンを写す

写す前に印をつける
ソーイング本付録の実物大パターンは、いくつかのパーツが重なっていることが多い。
作りたいアイテムとサイズが決まったら、写しとるパターンに印をつけておくとわかりやすい。

色ペンで目印をつける
写している途中で混乱しないようにサイズ、合い印、角などに印をしておくといい。

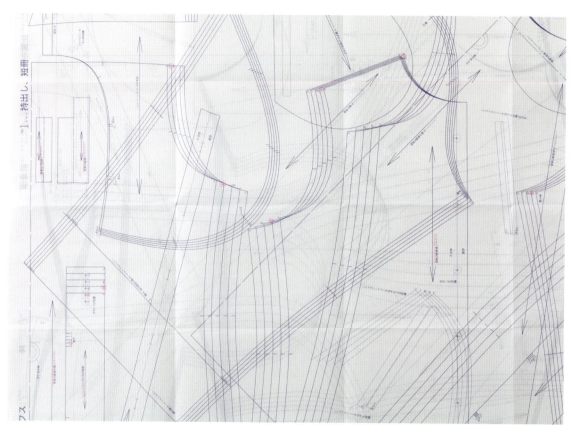

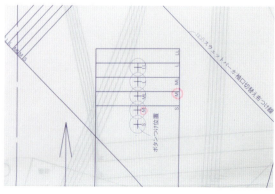

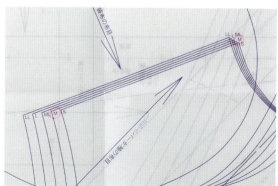

パターンの上に紙をのせる

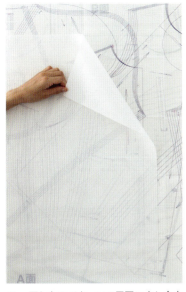 

1 写したいパターンの周囲に少し余白があるように紙をのせる。

2 紙が動かないように重しで押さえておく。このとき写しとる線上にかからないようにする。

直線を写す

中心線から写す。長い距離は定規を移動させながら線を引く。

紙越しに透けて見える中心線から定規を当てて線を引く。長い定規は、重しをのせておくと動かず引きやすい。

ハトロン紙
片面がつや出しのクラフト紙。つやのない面に鉛筆等で線を引く。

方眼定規（50cm）
方眼紙のように、ます目状に線の入った透明な定規。平行、直角に線を引くときなどに便利。

曲線を写す

フリーハンドか、カーブルーラーを使う。

Ｄカーブルーラーを使う

パターンの曲線に合うカーブを当てながら線を引く。
向きを変えたり、裏返したり、合うカーブを探しながら当てる。

衿ぐりに合わせる

Ｄカーブルーラー

"D"はDeep（深い）の頭文字をとったもの。袖ぐり、衿ぐりなどくりの深い箇所の作図のときに、また曲線の長さをはかれる。

アームホールスケール

衿ぐり、袖ぐり、袖山などのカーブを引くときに。Ｄカーブルーラーと使い方は同じ。

袖ぐりに合わせる

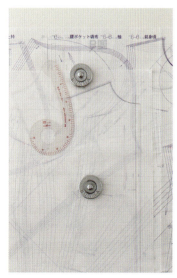

Hカーブルーラーを使う

身頃やスカートの脇線や裾線など、ゆるい曲線に当てて線を引く。

Hカーブルーラー

"H"はHip（腰囲）の頭文字からとったもの。脇線、裾線などカーブのゆるい部分の線を引くときに。

縫い代をつける

正確に裁断するために、縫い代をつけたパターンを作る。
でき上り線の印つけなど裁断後の作業も少なくなる。

方眼定規（30cm）

0.5、1cmよりも細かい線の入った定規。縫い代つけのときに便利。

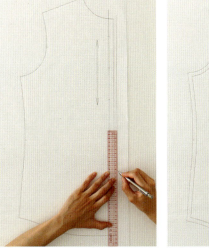

でき上り線に平行に縫い代線を引いていく。

注意したい縫い代つけ

縫い合わせる線に角度がある場合など、縫い代のつけ方が変わる。

前あきの衿ぐり

前端の縫い代を三つ折りで始末する場合。

1 パターンの前端に縫い代分をつけてカットする。

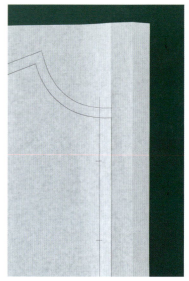

2 でき上りの状態に三つ折りにする（写真は開いた状態）。

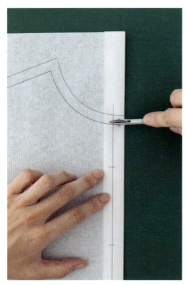

3 衿ぐり部分をルレットでなぞる。

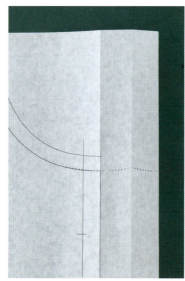

4 三つ折りを開く。

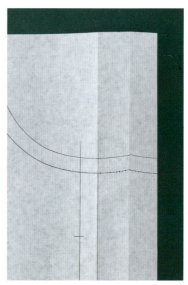

5 ルレットにそって線を引き、縫い代幅を平行につける。

パネルラインの袖ぐり

倒し方で縫い代が不足する場合があるので、一重仕立てにするときは特に気をつける
（後ろ身頃と脇身頃で説明。前身頃側も同様になる）。

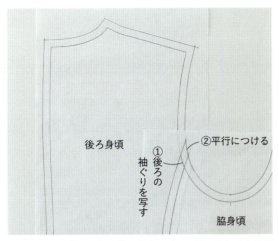

1 でき上り線に平行に縫い代をつける。縫い合わせた状態に重ねて確認していく。

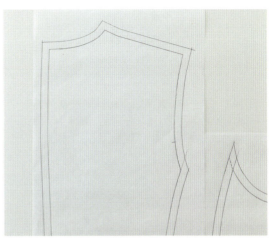

2 後ろ身頃側へ倒す袖ぐりの縫い代に注意。

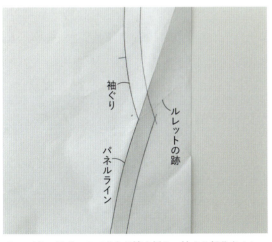

3 パネルラインのでき上り線を折り、袖ぐり部分をルレットでなぞる。

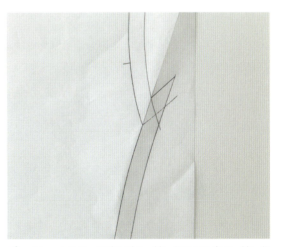

4 ルレットにそって線を引き、縫い代をつけ直す。縫い代を割る場合も、後ろ身頃はこの縫い代つけになる。

2枚袖

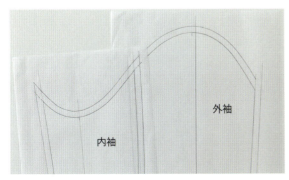
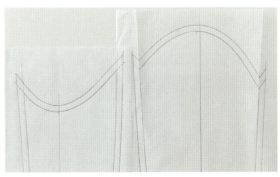

パネルラインと同じ要領で、縫い代をつけていく。

アイロンかけ

布のしわを伸ばす、縫い目を落ち着かせる、同じアイロンでも目的によってかけ方が異なります。ただ布の上を滑らせるのではなく、どこをどのような状態にしたいかを考えながら、必要な部分にアイロンを当てること。
試しがけはもちろん、中間プレスといわれる作業途中のアイロンがきれいな仕上りの決め手になります。意外と重要なアイロンのかけ方を覚えましょう。

道具

アイロンと、アイロンかけにあると便利なもの。

① 仕上げ馬 (P.71)
② まんじゅう (P.113)
③ 袖まんじゅう (P.71)
④ はけ (P.72)
⑤ 霧吹き
⑥ アイロン台 (P.71)
⑦ スチームアイロン
⑧ ドライアイロン

アイロンかけ……道具

アイロンの温度

布地に応じた適温があるので、アイロンや取扱い説明書にある表示を参考に温度を設定し、実際に使う布地で必ず試しがけをする。スチームで縮む素材もあるので注意する。

家庭用アイロン表示の設定温度

高	綿、麻
中	毛、絹、ナイロン、ポリエステル、レーヨンなど
低	アクリル、ポリウレタンなど

基本のかけ方

アイロンのかけ方は大きく分けて二つ。
用途に合わせてアイロンの運び方や移動のさせ方が変わる。

地直し、しわを伸ばすかけ方

布地を平らな状態に整えるときのアイロンは、布目に注意して滑らせてかける。
Point アイロンを布につけたまま、アイロンを移動させる。

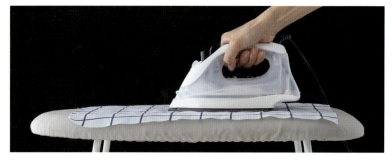

工程中のかけ方

芯はり、縫い目を押さえる、縫い代を割る、縫い代を片返しにするなどの
作業途中のアイロンは置くようにかける。**Point** **アイロンを移動させるときは布から離す。**

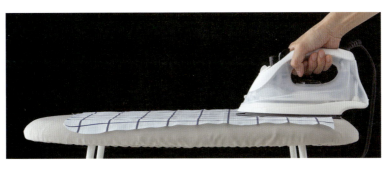

地直し

織り地のたて糸とよこ糸を水平垂直に整える。
ゆがんだまま裁断してしまうと、仕上がってから形くずれの原因にもなるので
アイロンできちんと整えておく。
布地によって事前に水通ししてからアイロンで整える。
Point アイロンは布目に対して水平垂直に移動させる。

アイロンかけ……地直し

1 耳に向かってよこ糸がゆがんでいる状態。

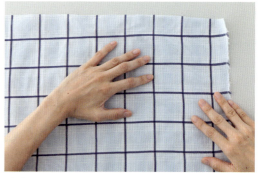

2 ゆがみの傾斜と逆方向に引っ張りながら、ある程度手で直す。

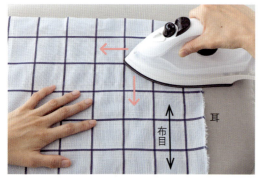

3 アイロンをかけて、落ち着かせる。アイロン面に均等に力がかかるようにやや力を入れ、布目に対して水平垂直に移動させながらアイロンをかける。

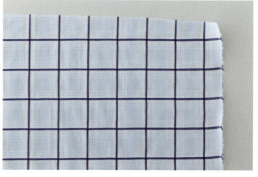

4 布目が整った状態。

接着芯のはり方

アイロン接着芯の種類、布地によって
縮む場合や、接着できない場合もあるので、残布で必ず試しばりをしてみる。

基本のはり方

Point ドライアイロンで軽く押さえて仮どめし、芯をはった直後の布は動かさない。

1 接着芯は接着剤がついた面を布の裏と合わせる。

2 ドライアイロンで軽く押さえて仮どめする。このときアイロンは滑らせないように（P.21を参照）。

3 再度全体をアイロンで今度はしっかり押さえる。スチームを当てた場合はドライアイロンで水分をとばす。

4 熱がこもった状態の布地を動かすと布が伸びたりくせがついてしまうので、アイロンの熱がとれるまで動かさない。

接着テープのはり方

接着テープの種類やはる位置によってはり方は異なる。

基本のはり方

接着テープを引っ張らないように手を添えながら少しずつはる。

はる位置

縫い線に接着テープがかかるようにはる。

基本

薄地の場合

でき上り線に少しかけて、縫い代側寄りにはる。

でき上り線をしっかりさせたい場合

でき上り線に少しかけて、内側寄りにはる。

表からテープが透けて見えるときは、でき上り線にそって縫い代側にはる。

カーブのはり方

凹カーブの場合

1 つけ位置の寸法が長くなる内側を、つれないように仮どめする。

2 浮いた接着テープをアイロンでつぶすようになじませてはる。

凸カーブの場合

1 つけ位置の寸法が長くなる外側を、仮どめする。

2 浮いた接着テープをアイロンでつぶすようになじませてはる。

接着芯・接着テープ

基布の片面に接着剤がついた、アイロンで接着する芯地。
いろいろなタイプがあるので、用途に合わせて使い分ける。

接着芯

接着テープ

伸止めとして衣服の前端や肩、袖ぐり、衿ぐりなどに用いる。
接着芯をカットして使用してもいい。

アイロンかけ

接着芯・接着テープ

黒い芯とテープ

通常、芯は白と黒がある。
はる布の色に近く、表にひびかないほうを選ぶ。

裁 断

裁断(カッティング)とは、布地を裁ち切ること。正確に裁断することは仕立てにも通じる、縫製前の大切な準備です。使う布地によって裁合せに気をつけましょう。
柄地にはデザインを楽しめる要素もあります。きれいに裁断できると、縫うときの気分もいいものです……。

道具

裁断に必要なものと便利なもの。

裁断

道具

① ソフトルレット（P.39）
② ルレット（P.39）
③ 目打ち
④ チョーク
⑤ 三角チョーク（P.35）
⑥ チョークペンシル
⑦ 裁ちばさみ（P.34）
⑧ ロータリーカッター（P.36）
⑨ 重し
⑩ まち針・ピンクッション
⑪ チョークペーパー
⑫ ビニール板
⑬ カッターボード

布地の重ね方

左右対称のパターンの場合は、布地を重ねて裁断する。

布地を合わせる

チョークペーパーをはさんで印つけをする場合（P.38）、どちらの面に印をつけたいかにより合せ方が変わる。

外表

布地の表を外側に、裏と裏を合わせて重ねること。

中表

布地の表を内側に、表と表を合わせて重ねること。

布地を二つ折りにして重ねる

幅の二つ折り

左右の耳を合わせて二つに折る。

丈の二つ折り

左右の耳をそれぞれ合わせて二つに折る。

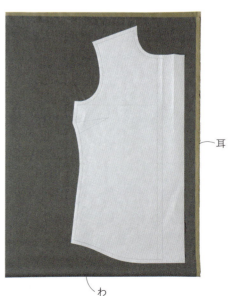

布地を重ねるときの注意

布地を裁つときは、しわなどが寄らないように平らな状態にする。
重ねて裁つときは布地がずれないよう、2枚を同じ状態に整える。特にニット地は気をつける。

1　布地を2枚重ねたときに出るしわ。

2　手で押さえるようにして、平らに整える。

3　整った状態。

布地をなでるようにすると……

上側の布地だけが平らになり裁断にずれが生じてしまうことも。　✕

→

裁合せ

裁ち間違えのないように、布地の無駄がないように、裁つ前にパターンを配置して確認する。使用する布地の生地幅がわかれば、購入する前に必要な用尺を知ることもできる。

裁合せ例

裁断はやり直しができないので、はさみを入れる前に必ず布地の上にパターンを置いて確認する。
Point 面積の大きいパターンから配置していく。前・後ろ身頃→袖→衿などの順。

パターンの上下をそろえて裁つ

シャツ（一枚裁ち）

布地を一枚に広げ、パターンの上下をそろえて配置。

スカート（重ね裁ち）

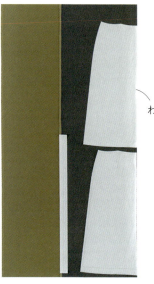

パターンが入る幅にずらして二つに折り、パターンの上下をそろえて配置。

パンツ（重ね裁ち）

生地幅で二つに折り、パターンの上下をそろえて配置。

パターンの上下をそろえずに裁つ（差込み）

※布地に方向性がない場合に限られる。

シャツ（一枚裁ち）

布地を一枚に広げ、パターンを差し込んで配置。

シャツ（重ね裁ち）

生地幅で二つに折り、パターンを差し込んで配置。

パンツ（重ね裁ち）

布地をベルト分ずらして二つに折り、パターンを差し込んで配置。

スカート（重ね裁ち）

布地をベルト分ずらして二つに折り、パターンを差し込んで配置。

裁断

裁合せ

布地を裁つ

縫い代つきパターンを使って裁断する。

裁ちばさみで裁断する

パターンをまち針でとめて裁つ

※まち針でとめられる範囲の布地に。厚地の裁断には適さない。

1 布地とパターンの布目を合わせ、まち針でとめる。

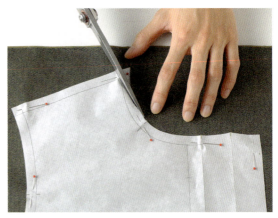

2 パターンの際を裁ちばさみでカットしていく。

3 裁ちばさみは作業台から離さないよう、なるべく布地を浮かせないようにする。

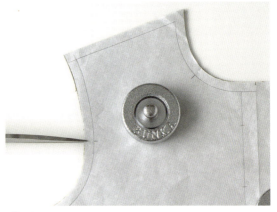

4 合い印には、ノッチを入れる。

裁ちばさみ

ラシャ切りばさみともいい、布地専用のはさみ。22〜24cmの大きさが一般的。

裁切り線をしるして裁つ

厚地などパターンをまち針でとめると浮いてしまい平らな状態を保てないときは、
裁切り線をしるし、パターンを外して裁断する。

1 パターンと布地の布目を合わせて重しで固定し、裁切り線をチョークでしるす。

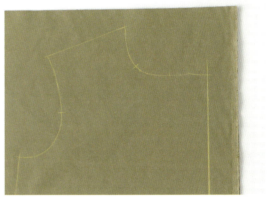

2 合い印なども印をつけたらパターンを外す。合い印は裁切り線から3mm内側にのばす。

3 布地がずれないように、裁切り線に近い位置をまち針でとめてから、はさみを入れる。

4 線の内側の際、印を裁ち落とすようにカットする。

三角チョーク

三角チョークは、凍石のことでチャコとも呼ばれ、印つけとして用いる。

裁断

布地を裁つ

ロータリーカッターで裁断する

カッターでの裁断は、はさみのように布地が浮くことがないので、きれいに正確に裁つことができる。

裁断 ・・・・・・ 布地を裁つ

1 パターンと布地の布目を合わせる。

2 動かないように重しをのせる。直線は定規を当てると、きれいに裁てる。

3 曲線は少しずつ、パターンの際にそってカットしていく。

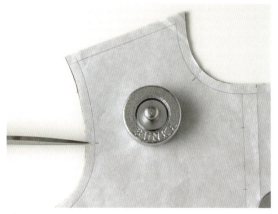

4 合い印には、ノッチを入れる。

ロータリーカッター＆替刃

小回りのきく直径28mm円形刃を装着した、回転しながら裁断するカッター。布地や紙をはじめ、薄手のゴムシート、フィルムなどの切りにくい素材も自在にカットできる。カッターボードを下に敷いて使用する。

ノッチ

縫い代に入れる小さな切込み（0.3〜0.4cmくらい）。

芯地の裁断

全面芯
表布と接着芯をそれぞれ裁断する
表布と同じパターンで芯地も裁断する。

必ず残布などで試しばりをする。アイロンで芯地が縮むようなときは、粗裁ちをして芯をはってから裁断する。裁断してからはると反ってしまうことがある。

1 同じパターンで表布と接着芯をそれぞれ裁断する。

2 表布の裏面に接着芯をはる。

表布と接着芯を粗裁ちして、芯をはってから裁断する

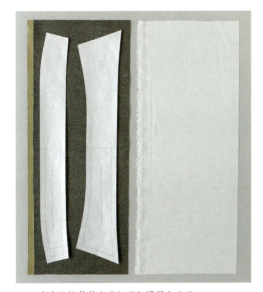

1 表布と接着芯をそれぞれ粗裁ちする。

2 表布の裏面に接着芯をはり、再度パターンを置く。

3 パターンどおりに裁断する。

印つけ

パターンの内側にある線の印つけ。
チョークペーパーなどを使うときは、基本的に裏面へしるす。

布地の裏面に印をつける

1 布地を外表に合わせ、両面チョークペーパーをはさむ。

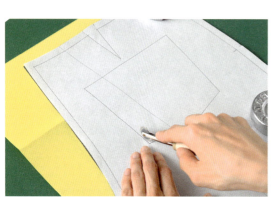

2 しるしたい線をルレットでなぞる。

3 布地の裏面に、ポケット位置がしるされる。

布地の表面に印をつける

Point 仕上がったときに見えなくなる位置に印をする。

1 布地を中表に合わせ、両面チョークペーパーをはさむ。

2 実際に縫いつける位置の内側に印をつける。

3 布地の表面のポケット位置内側に印が入っている。

チョークペーパーを使わない印つけ

薄地や、白っぽい布地のときに、チョークなどの印をつけたくない場合。

1 ルレットの跡をつける。

2 ダーツ止りは、目打ちでしるす。

3 ダーツ止りにだけ、裏面にチョークペンシルで点印を入れておくとわかりやすい。

ルレット
印をつけるときの用具で、布地の印つけにはチョークペーパーとセットで使うのが一般的。パターン作りのときに使用する場合もある（P.16）。

ソフトルレット
布地を傷つけにくい。薄地やチョークペーパーを使わない印つけのときに。

ルレット
ソフトルレットよりもシャープに印がつけられる。薄地やデリケートな布地のときは布端で試してから使用する。

裁断

印つけ

縫い代なしのパターンで裁つ

縫い代のついていない、でき上りパターンを使うときは、布地に縫い代分をしるして裁つ。

裁断
……
印つけ

1 布地とパターンの布目を合わせて、動かないように重しを置く。

2 でき上り線から、必要な縫い代幅をとり、裁切り線をしるす。

3 合い印もしるしておく。

4 布地がずれないようにまち針でとめ、はさみを入れる。

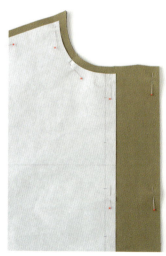

でき上り

でき上り線をしるしたいとき

※チョークペーパーでしるす以外の印のつけ方。

切りじつけ

しつけ糸を使って、印をつけていく。柄地でチョークの印がつけられないときにもいい。

しつけ糸（しろも）
糸の表面がけば立っているので抜けにくい（P.59）。

1 しつけ糸2本どりで、糸足を残しながら間隔をあけて印をつけたい部分に糸を縫い置いていく。

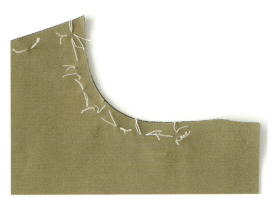

上側

下側

2 角は糸が十字に渡るように交差させ、曲線は細かめに入れる。

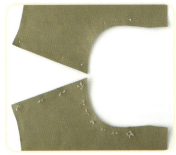

3 糸を抜かないように、2枚の布地の間で糸を切る。

裁断

印つけ

41

布地の柄と方向性

大柄、柄が一方向、表面に毛並みや光沢のある布地は
パターンの上下を必ず同一方向にそろえて裁断をする。

大きな柄
目立つ模様は柄がくずれないように合わせて裁断する。

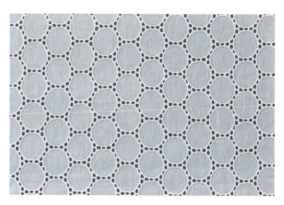

上下のある柄

方向のある柄

上下と方向のある柄

チェック柄

大きめのチェックは、柄がずれると目立つので格子をそろえて裁断する。
柄に一方性がある場合は差込みはできない。

一方性のあるチェック

毛足のある布地

毛足のある布地は光沢があり、その方向によって色が違って見えるものが多いので、
パターンの上下を同一にして裁断する。布地を縦地になでてみて、
なめらかな方向を「並毛（なみげ）」、ざらっと逆う感じのある方向を「逆毛（さかげ）」という。
並毛の方向は白っぽく、逆毛の方向は濃く見える。

コーデュロイ

並毛　逆毛

裁断
……
布地の柄と方向性

柄合せ例

重ね裁ちせず、一枚ずつ裁断するのが安心。

大きな柄

柄が大きく目立つ場合は、柄の出る位置を考えて裁ち合わせる。柄に方向があるときは注意する。
Point 柄の中心と身頃の中心線、左右の柄を合わせる。

裁断 ……… 布地の柄と方向性

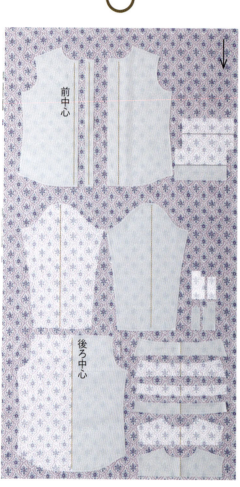

左右に同じ柄が出るように柄とパターンの中心を統一。袖は、布目線などを使って反転させ、左右の柄位置を合わせる。上下のある柄はヨーク、衿、カフスもそろえるといい。

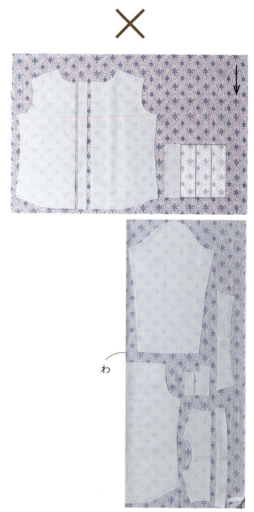

柄の上下はそろえているが、柄の中心と身頃の中心が合っていない。生地幅を二つ折りにしたため、後ろ中心がずれ、袖の左右の柄位置が違う。

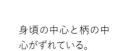

身頃の中心と柄の中心が合っている。

左右の柄が同じ。

身頃の中心と柄の中心がずれている。

左右の柄位置が違う。

 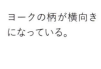

ヨークの柄が横向きになっている。

全体的に柄の上下が統一している。

衿とカフスの柄が横向きになっている。

裁断

布地の柄と方向性

チェック柄

大きいチェックは、脇線など縫い合わせたときに柄が段違いにならないよう柄を合わせて裁ち合わせる。
はっきりした配色の柄はデザイン的にも楽しむことができる。
一方性があるときはパターンの上下をそろえる。
Point チェックの中心と身頃の中心線、縫い合わせる位置の柄をそろえる。

縦の柄の中心と身頃の中心線を合わせ、横の柄が合うように配置。

身頃の中心線がばらばらで、横の柄も合わせていない。

布目を変えて裁つ

衿やヨーク、カフスは布目を変えてデザインにできる。

前中心と柄の中心が合っている。

全体的にすっきり見える。

左右カフスの柄位置がそろっている。

前中心と柄の中心がずれている。

全体的にばらばらで締まりがない。

左右カフスの柄位置が違う。

後ろ中心と柄の中心が合っている。

後ろ中心が微妙にずれている。
デザインとして楽しむならば○

前後の柄がそろっている。

前後の柄がずれている。

裁断

布地の柄と方向性

コーデュロイ(コール天)

毛足のある布地は、並毛か逆毛のどちらかに統一する。
逆毛で裁ち合わせることが多い。
畝があるので、衿やカフスなどはデザインも考慮して方向を決めるといい。

裁断

布地の柄と方向性

すべて逆毛に統一する例

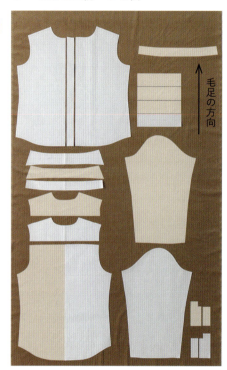

仕上がったときの上下に、方向を合わせている。

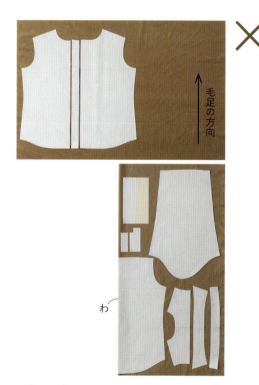

袖のみ差し込まれている。ヨーク、衿、カフスは、畝を生かしてデザインに。

すべての毛足がそろっている。

袖がやや白く見え、衿、ヨーク、カフスも少しずつ色が変わって見える。

ミシンかけ

実際の布で縫い始める前に、その端ぎれを使ってまずは試し縫いをしてみましょう。
後々ほどかなくても済むように、試し縫いをしながら糸調子を合わせ、そしてミシンに慣れること。
ミシンとの相性をよくしておくのも、いちばん初めの大切な作業です。

布と糸と針

ミシン糸 90番

ミシン糸 50、60番

——— ミシン針 9、11番 ———　——— ミシン針 14番 ———

薄地

ローン
薄地平織りの高級綿布。

綿ブロード
地合いの密な光沢がある綿平織物。

シーチング
太番手の綿平織物。

裏地
衣服の裏側に使用する布地。

ガーゼ
甘よりの糸を粗く平織りにした木綿の柔らかい布。

ダブルガーゼ
表と裏を別々の組織で織った二重織りのガーゼ。

ミシン針
布の厚みに合わせて針を選ぶ。家庭用と工業用の2種類があるので間違えないように注意。
家庭用　工業用

ダンガリー
デニムに似た薄手の綿織物。

5オンスデニム
たてに染め糸、よこにさらし糸を使った綿の綾織物。「オンス」は重さの単位。

家庭用ミシン針には、太さによって色分けされていたり、セットになっているミシン針もある。

T/Cブロード
通気性がよく、しわになりにくいポリエステルを綿と混紡した素材のブロード。

オックス
斜子組織の綿織物。

（左欄：ミシンかけ　布と糸と針）

ミシン縫いには必ずミシン糸を使用する。
縫い合わせる糸は厚地でも50、60番でいい。
縫い重ねる枚数などの厚みを考慮して針と糸を選ぶ。

ミシン糸 30番
主にステッチ糸として使用することが多い。

←―― ミシン針 16番 ――→

←―― ミシン針 14番 ――→

→ 厚地

リネン（麻布）

亜麻繊維を原料とした麻織物。

チノクロス

綿の2本の糸をより合わせた糸で織った丈夫な綾織物。

ヘリンボーン

にしんの骨（ヘリンボーン）の形に織り目が似ているウール地綾織りの一種。

コーデュロイ（コール天）

けばが縦方向に畝になった織物。

ツイード

太い羊毛を用いたざっくりとした紡毛織物。

フラノ

紡毛糸を用いた表面にけばのある織物。

楊柳

縦方向にしぼが入った平織物。夏季衣料に多い。

12オンスデニム

一般的ジーンズは14オンス。12オンスは比較的に縫いやすい厚地。

ワッフル

お菓子のワッフルのような凹凸のます目がある織物。

キャンバス

太番手の糸を使った丈夫な平織物。薄手の「帆布（和名）」。

11号帆布

厚手の平織りの綿布。織り糸が太いほど号数は小さく厚地。

8号帆布

ミシンかけ

布と糸と針

特殊素材

表革

牛や羊の表皮の表面を塗料などでコーティング仕上げをした革の総称。写真はラム。

裏革

革の裏面を起毛したもの。スエード、バックスキンなどがある。写真はピッグスエード。

レザー用ミシン針

ナイフのような針先で、革が縫いやすい。※本革のみに適用。合成皮革などに使うと布を切ってしまうので、注意する。

合成皮革

織物や不織布を基布として、表面に合成樹脂を塗布し天然皮革に似せて仕上げたもの。

人工皮革

天然皮革の組織構造を人工的に作り出した素材で、通気性がある。

フェイクファー

毛皮に似せて作られたパイルファブリック。エコファーともよばれる。

ラミネート

表面をビニールコーティング（ラミネート加工）したインテリアファブリック。

ビニール

合成樹脂の総称。ビニル。

テフロン押え

表面が滑りにくい素材に使うミシンの押え。

ミシンかけ　布と糸と針

ニット地

天竺

表と裏の編み目が違い、布端が丸まりやすい。Tシャツなどによく見る編み地。

圧縮ニット

ウールの編み地を縮じゅうして密にしたもの。裁ち端は、ほつれにくい。

ニット用ミシン針

肉眼ではわかりにくいが、普通の針より針先が丸く生地を傷つけずに縫うことができる。目とびも防げる。

針穴から針先までが長い

スムース

両面編み、裏表とも同じ編み目が見える。なめらかで厚みのある質感と適度な伸縮性が特徴。

リブ（フライス）

ゴム編み。リブとはあばら骨の意で、畝のこと。横方向への伸縮率が高い。

スウェット

裏毛編み。写真は表が平編み、裏がパイル状の編み地の、裏毛パイル。

ニット用ミシン糸

伸びる布地に対応する伸縮性のある糸。ニット地には必ずニット用のミシン糸を使う。

ロックミシンの糸

ロックミシンにはロックミシン糸を使う。普通のミシン糸よりも表面がけば立っていて糸（縫い目）のおさまりがいい。縦横に伸びる2WAYの布には伸縮性のあるウーリー糸を使う。

ロックミシン糸90番

ウーリー糸（高伸縮）

ミシンかけ　布と糸と針

<ruby>縫合せの基本<rt>ミシンかけ</rt></ruby>

縫合せの基本

布と布を合わせ、ミシンで縫い、アイロンをかける。単純な作業ですが、すべてに通ずる基本的な作業です。ミシン、アイロン道具の活用法も参考にしながら、縫い進める上での基本を把握することから始めましょう。

道具

ミシンと、いつもミシンの側に置いておきたいもの。

❶ まち針・ピンクッション
❷ 目打ち（P.115）
❸ 糸切りばさみ（P.65）
❹ 竹定規（P.82）

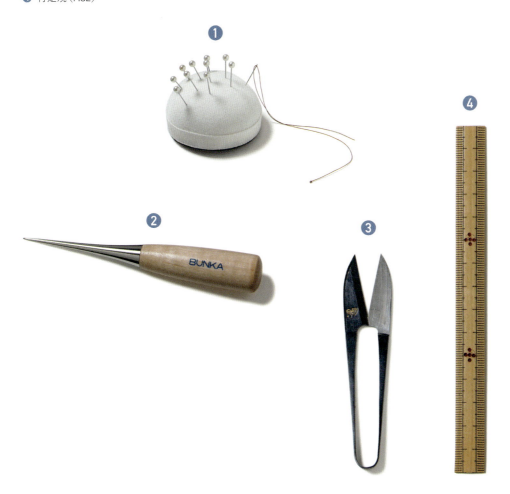

ミシンかけ　縫合せの基本　道具

まち針を打つ

Point「縫い位置がずれないようにとめる」ということを意識して打つ。

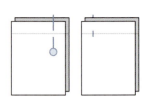

基本の打ち方

縫い合わせるときに布がずれないよう、まち針でとめる。

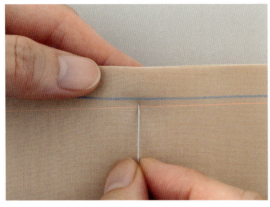

1 2枚の印を合わせ、縫い線上にまち針を打つ。

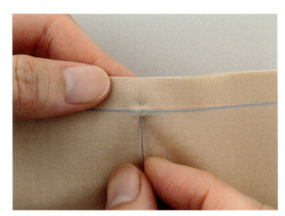

2 小さく布をすくう。

まち針

針の太さも長さも様々。使い勝手のいいものを選ぶ。ただし、太い針を薄い布に刺すと針跡が残り、厚い布に細い針を使うと折れる。縫い針と同様に布に合わせて選ぶといい。

針跡が残る場合

皮革、合成皮革など針跡が残る素材の場合は縫い線の外側（縫い代側）にまち針を打つ。

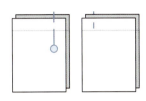

合成皮革などは針跡が残る。

縫い線に近い縫い代側に打つ。

クリップでとめる

針を刺しにくい素材にはクリップでとめるのもいい。

クリップ
まち針の代りに布をとめるもの。まち針の使えないロックミシンでの縫合せ時にも。

ミシンかけ　縫合せの基本　まち針を打つ

しつけをかける

Point 縫い線上にしつけをかけると後でほどきにくくなるので、少し縫い代側にかける。

しつけのかけ方

まち針だけでは不安な場合、糸（しろも）で縫いとめる。

1 縫い線に近い縫い代側を縫う。布は小さくすくうほうがずれにくい。

2 間隔をあけて糸を引きすぎないよう注意しながら縫いとめていく。

2本どり

厚地やしっかりとめたいときは2本どりでかけると落着きがいい。

A：針に1本の糸を通し輪にして縫う。

B：針に2本の糸を通して縫う。

1本どり

薄地は1本どりで丁寧に縫いとめると布を傷めない。

針に1本の糸を通して縫う。

しろも

白い木綿のしつけ糸。糸表面のけばが布に残りそうな場合は布の色に合わせて、色つきの糸を使ってもいい。

しろもの使い方

輪で束ねられているので、1か所を切り、1本ずつ引き抜いて使う。

1 ねじりをほどく。

2 中央を2か所ひもなどで結ぶ。薄紙を巻くといい。

3 片方の輪の部分を切る。

4 使うときは、切っていない輪のほうから1本ずつ引き抜く。

ミシンかけ　縫合せの基本　しつけをかける

玉結び

縫始めの糸が抜けないように、結び玉を作る。

指にからげて作る

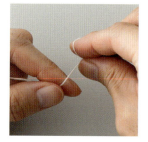

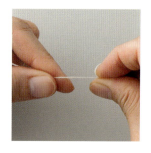

針にからげて作る

糸をからげる

2〜3回からげる

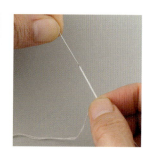

玉止め

縫終りがほどけてこないように、
針に糸を2〜3回からげ、結び玉で止める。

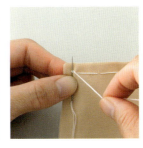

ミシンかけ ・・・・・・ 縫合せの基本　しつけをかける

基本の縫い方

縫い進める前に、必ず試し縫いをして上糸と下糸の糸調子を正しく合わせる。

試し縫いをする

Point 実際に縫う布と糸で、実際に縫う状態で、実際に縫う速度で。
縫い進める過程で糸の太さや布の重なりが変わる場合は、再度試し縫いをする。

職業用ミシン　　　　　家庭用ミシン

1
上糸と下糸が押え金の下にある状態にする。

2
2本の糸を指で軽く押さえて縫い始める。

3
縫い線がふらつかないように手を添えながら縫い進める。

4
糸を引くときは、必ず針がいちばん上まで上がった状態を確認してから押え金を上げる。

縫い幅を決めて縫う

縫いたい幅のガイドを作り、布端をガイドに合わせて平行に縫い進める。

ミシン上のガイド

ミシンの針板上に針穴からの距離が刻まれているときは、
縫いたい幅の線に布端を合わせて縫う。

職業用ミシン

家庭用ミシン

テープをはる

ミシンの針板上にない寸法のときや、針板上の寸法を見やすく
したいときはテープをはってガイドを作る。

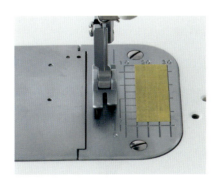
職業用ミシン

家庭用ミシン

ステッチ定規（職業用ミシン）

布の端だけでなく、内側にステッチをかけるときにも便利。

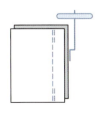

職業用ミシンは、工業用ミシンの押え金やアタッチメントが使える。

返し縫い（職業用ミシン）

縫い目がほどけてこないように、
縫始めと縫終りは返し縫いをする。

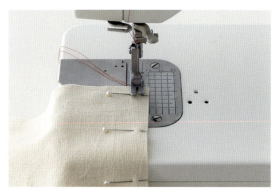

1　上糸と下糸はからまないように押え金の下を通り、後ろ側へ流しておく。

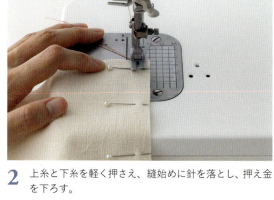

2　上糸と下糸を軽く押さえ、縫始めに針を落とし、押え金を下ろす。

3　2、3針進めて止める。

4　縫始めまで同じ針目の上を戻る（返し縫い）。

5　縫い進める。まち針はミシン針の手前で外す。

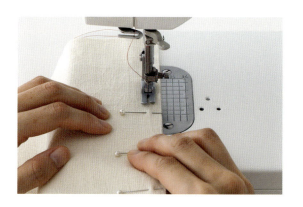

6 縫終りでも返し縫いをする。縫終りに針を落として止める。

7 2、3針縫い目の上を戻る。

8 再び縫終りの位置までを縫う。

9 針をいちばん上まで上げたことを確認し、押え金を上げる。布を後方に引いて糸を切る。

糸切りばさみ

手の中に収まるにぎりばさみ。主に糸を切るときに使う。小さくかさばらないので、手もとに置いておくと便利。

返し縫い（家庭用ミシン）

縫い目がほどけてこないように、縫始めと縫終りは返し縫いをする。
ここでは同じところを2度縫う返し縫いの説明。
布によっては3度でもいい。

1 上糸と下糸はからまないように押え金の下を通り、後ろ側へ流しておく。

2 上糸と下糸を軽く押さえ、縫始めより2〜3針先に針を落とし、押え金を下ろす。

3 縫始めまでを縫う（返し縫い）。

4 縫い進める。まち針はミシン針の手前で外す。

5 縫終りでも返し縫いをする。縫終りに針を落として止める。

6 2、3針縫い目の上を戻る。

家庭用ミシンの針板

通常の針板にある穴は横広に大きく特に薄地の返し縫いは穴に引き込まれやすく難しい。そのようなときは右ページの方法に変える。

通常の針板
ジグザグなど模様縫いに対応するため、穴が大きい。

直線縫い専用の針板
ミシンの種類によっては穴の小さいものもある。布が引き込まれにくい。

7 針をいちばん上まで上げたことを確認し、押え金を上げる。布を後方に引いて糸を切る。

ミシンの返し縫いボタン（レバー）を使わない返し縫い

1 上糸と下糸を軽く押さえ、縫始めより2～3針先に針を落とす。

2 布の向きを180度変え、縫始めまでを縫う。

3 針を落としたまま、布の向きを元に戻す。

4 押え金を下ろし、縫い進める。

トレーシングペーパーを敷いて縫う返し縫い

1 布の下にトレーシングペーパーを敷く。

2 上糸と下糸を軽く押さえ、縫始めより2～3針先に針を落とし、押え金を下ろす。

3 縫始めまでを縫う（返し縫い）。

4 縫い進める。

5 縫い終えたらトレーシングペーパーは外す。

縫い代を割る、片返しにする

Point ミシンをかけた後は、縫い目をアイロンで落ち着かせてから次の作業に移る。

縫い目を落ち着かせる

縫い代を割る、片返しにする前に必ずアイロンをかけ、
ミシン目の浮きを落ち着かせる。きれいに仕上げるための大切な工程。

縫い代を割る

アイロンで縫い代を押さえて割るのではなく、
縫い目を押さえるようにして縫い代を割る。

1 縫い目がまっすぐになるように布を開いて置く。

2 指の腹で縫い目をたどりながら縫い代を割る。

3 縫い目を押さえるようにアイロンをかける。袖まんじゅうを使うとアイロンがかけやすい(P.71を参照)。

でき上り(裏)

縫い代を片返しにする

縫い目を一度アイロンで折ってから、縫い代を片側に倒す。

1　縫い代を2枚一緒に縫い目で折る。特に薄地の場合、このアイロンをかけると縫い線がきれいに出る。アイロンは押さえるように、縫い目を伸ばさないように注意する。

2　縫い代を片方に倒したまま布を広げる。

3　アイロンのエッジを使い、縫い目を押さえるようにアイロンをかける。袖まんじゅうを使うとアイロンがかけやすい（P.71を参照）。

でき上り（裏）

きせをかける場合

でき上り線より少し縫い代側を縫い、でき上り線で片返しにする。

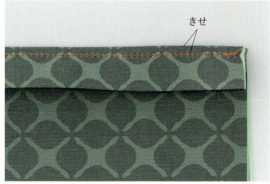

1 でき上り線から0.3～0.5cm縫い代側を縫う。でき上り線で2枚一緒に折る。

2 きせ分を残したまま縫い代を片方に倒し、布を開く。

きせ

裏地をつける場合、表地の動きに対応できるように裏地にゆとりを入れる。これを「きせをかける」という。

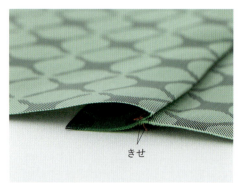

縫い目からでき上り線の折り山までの部分をきせという。

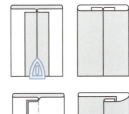
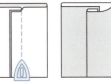

筒の縫い代を割る、片返しにする

輪になった部分をつぶさないようにアイロンをかける。

アイロン台を使用する

アイロン台の縁にのせると余計な部分にアイロンが当たらず、輪になった部分をつぶさずにすむ。

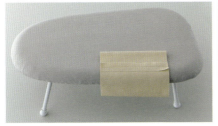

アイロン台

アイロン台はアイロンをかけるときに使う台。脚がついている家庭用のアイロン台は、コンパクトで使い勝手がいい。

袖まんじゅう・仕上げ馬を使用する

ある程度の周囲寸法がある場合（袖まんじゅうや仕上げ馬が通る寸法）。

袖まんじゅう

小さな丸みの部分や、袖の仕上げなどに使うアイロン台。縫い代を割るときに使うと余計なところにアイロンがかからないので、縫い代のあたりが表に出るのを防げる。しつけなどの針仕事の台としても活用できる。

仕上げ馬

仕上げ馬は木製の脚つき台に芯と布をはったアイロン台。主にジャケットの仕立てに使われる。

ジャネット仕上げ馬

柔らかいタイプで婦人服などの柔らかい素材に適する。

ウール地の縫い代を割る場合

アイロンのスチームだけでは割れない場合は置き水をする。

1 縫い代を開き、はけなどで縫い目に水を置く。

2 アイロンの先で押さえるようにして、ドライアイロンで水分が飛ぶまでしっかりかける。

でき上り（裏） 　（表）

はけ
歯ブラシなどでも代用可。

厚地ウールの場合

Point アイロンで縫い代の厚みをつぶしてすっきり仕上げる。

1 縫い代の部分だけにはけで水を置く。

2 ドライアイロンで少し圧力をかけながら縫い代をつぶす。

3 縫い代が薄く落ち着く。

でき上り（裏） 　（表）

縫い代・折り代の始末
（ミシンかけ）

裏地がつかない一重仕立てのときは、裏側が見えるので縫い代の始末は丁寧に。用途に応じた始末は縫い線の補強も兼ね、ステッチをかける場合はデザインにもなります。デザインとあわせて、始末を考えるのもいいでしょう。
普段は見ない、既製品の裏側を見てみるのもおもしろいかもしれません。

捨てミシン

布の裁ち端から0.2〜0.3cm内側にミシンをかけて織り糸がほつれるのを防ぐ。
針目は細かいほうがほつれにくい。

縫い代を割る

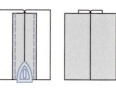

1 縫い代を開き、裁ち端にミシンをかける。

2 縫い代を割る（P.68を参照）。

縫い代を片返しにする

アイロンのスチームだけでは割れない場合は置き水をする。

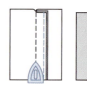

1 縫い代を2枚一緒にミシンをかける。

2 縫い目を落ち着かせ、縫い代を片返しにする（P.69を参照）。

ロックミシンがなくジグザグミシンがかけられない薄地は捨てミシンか袋縫い（P.78）を。

ジグザグミシン

針目がジグザグに振れることで、裁ち端がほつれるのを防ぐ。
生地によってかけ方が異なる。必ず残布で試し縫いをする。

内側にはかけられる

ジグザグミシンはかけられない

裁ち端にかけられるかどうか試してみる。
どの位置にもかけられないような場合は、
別の始末をする(捨てミシン、袋縫い)。

布の内側にかける

1枚の布にかけると、ジグザグの振り糸に引かれて縫い縮むことがある。
そのため特に薄地や柔らかい布は織り糸が整って安定した布の内側にかけ、
後で余分な布をカットする。
後からカットする分、縫い代や折り代は多めにつける。

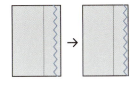

1 裁ち端から多くつけた縫い代分(0.5〜1cm)内側に、1針返し縫いをしてジグザグミシンをかける。

2 ジグザグミシンの端からかがり目を切らないように布を裁ち落とす。かがり目はアイロンで落ち着かせる。

布の裁ち端にかける

厚地やしっかりした布の場合は、
縫い代や折り代幅をカットした後でかけられる。
ジグザグの一方が
裁ち端の際にかかるようにかける。

ロックミシン

3本、または4本の糸で環縫いというかがり方をする始末。
環縫いは縫い縮みがないので、素材を問わず布の裁ち端にかけることができる。
ロックミシンは返し縫いができないので、縫始めと終りは5cm前後縫い流しておく。

3本ロックのかがり目

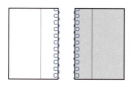

左針(3本)　　　右針(3本)

4本ロックのかがり目

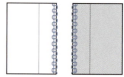

糸端を始末する場合

縫い流した糸をとじ針に通し、かがり目にくぐらせて余分な糸は切る。

ロックミシンの糸が通せるくらいの針穴のとじ針や刺繍針を使って始末する。

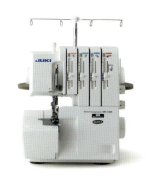

縫い代を割る

縫い代を開き、裁ち端に片方ずつロックミシンをかけ、縫い代を割る。

縫い代を片返しにする

縫い代を2枚一緒にロックミシンをかけ、縫い代を片返しにする。

4本ロックで地縫いをする

4本ロックは地縫いも兼ねているので、ニット素材などはロックミシンのみで縫合せができる。

ミシンかけ　縫い代・折り代の始末　ロックミシン

袋縫い

裁ち端を袋状に収める始末。薄地や透ける素材に向く。
裁ち端をきれいにカットして縫い包む。

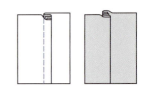

ミシンかけ　縫い代・折り代の始末　袋縫い

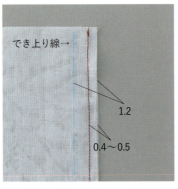

1　外表に合わせてミシンをかける。

（でき上り線→　1.2　0.4〜0.5）

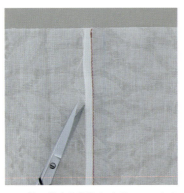

2　縫い代を片返しにする。このとき裁ち端のほつれをきれいにカットする。

3　縫い代を包むように今度は中表に合わせる。

4　縫い線から折ってアイロンで押さえる。

5　でき上り線を縫う。

6　縫い代を片返しにする（P.69を参照）。

でき上り（表）

2で、裁ち端のほつれをきれいにカットしておかないと、でき上りの縫い目からほつれた糸が出て美しくない。

折伏せ縫い

縫い代の端を折って表からステッチで押さえる始末。
片返しのアイロンをきちんとかけること。

シングルステッチ

1 ステッチがかかる側の縫い代を、半分にカットする。

2 もう一方の縫い代を、カットした縫い代をくるむように折る。

3 さらに縫い線で折る。

4 布を開き、ステッチがかかる側に縫い代を倒す。

5 表側から片返しにした縫い代をステッチで押さえる。

でき上り（裏）

ダブルステッチ

縫い線の際にもステッチをかける。
際のステッチを後に、同じ方向でかけると布のよれを軽減できる。

表　　　　　裏

三つ折り

布端を二つに折り、さらにもう一度折る。
折り端にステッチをかけるので、アイロンは正確に。

完全三つ折り

折り幅を細く仕上げたいとき、特に薄地で透ける素材に適する。
折り代寸法は、仕上り幅の2倍。

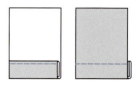

1 でき上りで二つに折る。

2 1を開いて折り上げた幅の半分を折る。

3 2の折り上げた状態のまま、再びでき上りに折る。

4 折り端にステッチをかける。

でき上り（表）

広幅の三つ折り

広幅のステッチをかけるときや厚地の場合、折り代がもたつかないように段差をつけて折る。折り代寸法は、仕上り幅に1cmプラスする。

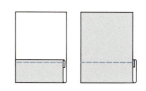

1 でき上りで二つに折る。

2 1を開いて折り代端を1cm折る。

3 再びでき上りに折る。

4 折り端にステッチをかける。

でき上り（表）

薄地は完全三つ折りがきれい

裏

表

ミシンかけ　縫い代・折り代の始末　三つ折り

二つ折り

布端を折り代の幅に合わせて二つに折る。

1 アイロン台の上に布の裏を上にしてのせる。折り代の幅を定規ではかりながらまち針を刺す。

2 折り返したわの部分をアイロンで押さえる。

ステッチをかける

でき上りに平行にステッチをかける。

1 二つ折りにアイロンで折る。

2 裁ち端の始末にかかるようにステッチをかける。

でき上り（表）

細かなアイロン作業に便利な竹定規

折り代を折りながらアイロンをかけるときは、熱で溶けない小さな竹定規が便利。

（10cm）

（15cm）

まつる

Point 裁ち端の少し奥をまつると、表に折り代のあたりが出にくい。

1 二つ折りにした折り代を少し手前に倒し、裁ち端の少し奥をまつる。

でき上り（裏）

（表）

ニット素材にステッチをかける

Point 伸びた縫い目は、その都度スチームアイロンで復元させながら、縫い進める。
ニット素材を縫うときは、必ずニット用のミシン糸を使う。

1 ニット素材の裁ち端にロックミシンをかけると伸びてしまう。

2 伸びて波打った部分を、スチームアイロンで包み押さえるようにして落ち着かせる。

3 ステッチをかけて伸びた縫い目も、2と同様にスチームアイロンで落ち着かせる。

でき上り（裏）　　（表）

縫い返す
ミシンかけ

外見を美しくしたいのならば内面から……。縫い返す前の内側の縫い代整理を丁寧にすると、自然に外側も整います。見えない部分に手を抜かないこと。縫い代整理はもちろん、糸の始末や作業する周りの整理整頓も大切です。

縫い返す

縫い返した後の縫い線の見え方で名称とその方法が変わる。

毛抜き合せ

毛抜きの歯のようにぴったり合っている状態のこと。

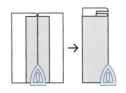

1　縫い代を割る（P.68を参照）。曲線や割れない場合は、縫い目で片返しにする。

2　外表に合わせ、縫い線を毛抜きの状態にアイロンで押さえる。

表側と裏側、どちらも控えられずに毛抜きのように突合せになっている。

控える

縫い線を裏側に少しずらし（●）、ずらした表側には縫い線が見えない状態にする。

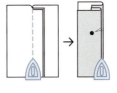

1　縫い代を片返しにする（P.69を参照）。

2　外表に合わせ、表側から縫い線が見えないように裏側に0.1～0.2cmずらして（控え）アイロンで押さえる。

角

角の形をきれいに縫うには、ミシンの針を落とした状態で方向を変える。

凸角を縫い返す

縫い代を角にきちんと収める。

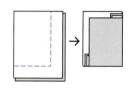

角を縫う

1 角まで縫い進める。

2 角で針を落とした状態で止める。

3 針を落としたまま押え金を上げる。

4 布を回して、方向を変える。

5 押え金を下ろす。

6 縫い進める。

角縫いのでき上り

角を表に返す

1 縫い代を2枚一緒に縫い目で折る。

2 もう1辺も同様に縫い目で折り、角の部分の縫い代をたたむ。

3 中に手を入れて角の縫い代を人さし指と親指ではさみ、押さえる。

4 縫い代を指で押さえたまま角を押し出すような感じで、表に返す。

5 目打ちを使って少しずつ角を引き出し整える。

でき上り

角の縫い代がかさばる場合

折り重なった縫い代が布の厚みでかさばる場合は、角の縫い代をカットする。

縫い目で折った後、重なってかさばる縫い代をカットする。カットは角の縫い目から0.2～0.3cmまで。

縫い目の際までカットするとほつれることがあるので注意する。

凹角を縫い返す

角の縫い代がつれないように、切込みを入れる。

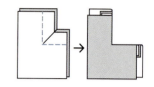

1 角を縫う（P.86を参照）。

2 角の縫い目ぎりぎりまで縫い代に切込みを入れる。

縫い糸を切らないように注意する。

3 縫い代を2枚一緒に縫い目で折る。

4 もう1辺も同様に縫い目で折る。

5 表に返してアイロンで整える。

でき上り

角の補強

裏面に力芯や接着テープをはる
縫い合わせる前に切込みを入れる角の裏面に力芯や接着テープをはる。

端にステッチをかける
切込みを入れたときは、ステッチをかけると補強になる。

力芯。角の部分のみ接着芯をはる。

縫い線にかけて接着テープをはる。

ステッチのかけ方は角の縫い方（P.86を参照）と同じ。

カッターで切込みを入れる
角ぎりぎりまで切込みを入れるときは、カッターが便利。刃先で切込みの位置を確認してからカットできるので、はさみのように切りすぎることがない。

アートナイフ
ペンタイプのカッターナイフ。

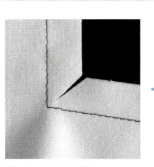

縫い代の切込みが甘い。

表に返すと角にしわが出てしまう。

角の切込みが甘いと角の縫い代がつれ、えくぼのようなしわが出る。

曲線

曲線は少しずつ方向を変えながら縫い進める。

凸曲線を縫い返す

曲線を縫う

1　まち針は直線の縫合せより、間隔を狭くして多めに打つ。

2　曲線は一気に縫うのは難しいので少しずつ、縫い進める。

方向を変えるときは、針は落としたまま押え金を上げて、布を動かす。

曲線縫いのでき上り

曲線を表に返す

切込みは、縫い目に対して垂直に入れる。切り込む深さは縫い代の半分が目安。

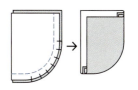

1 縫い代を0.5〜0.7cmにカットする。

2 織り目のつんだかたい布地などのきついカーブには、さらに切込みを入れる。

3 表に返す。

4 内側から押し出すように指で曲線を出していく。

5 目打ちを使ってきれいに整え、アイロンで押さえる。

でき上り

薄地など縫い代が透ける場合

Point 透けてもいいように縫い代幅をきれいにそろえる。

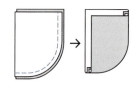

1 曲線を縫う（P.90を参照）。

2 表から透けて見える縫い代には切込みを入れず、0.5cmにそろえてカットする。

3 表に返してアイロンで押さえる。

きれいに仕上げるために

ちょっとした手間をかけるかかけないかで、仕上りが変わる。
見えない部分に手を抜くとこんな感じに……。

縫い代幅を広くつけたまま表に返すと……。

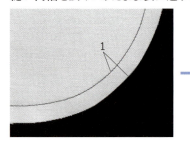 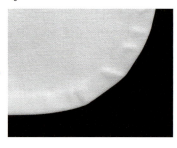

 縫い代幅が重なって、ぼこぼこと表にひびいてしまう。

薄地、透ける素材で縫い代幅がそろっていないと……。

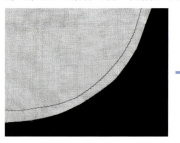 

 きれいに縫えていても、そろっていない縫い代が透けて見えると、きれいな曲線に見えなくなる。

凹曲線を縫い返す

Point 縫い代がつれないように細かく切込みを入れる。
切込みは縫い代幅の半分くらいまでを目安に、
間隔を狭く入れると表に返したときに曲線がなだらかできれい。

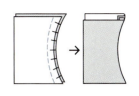

1 曲線を縫う（P.90を参照）。

2 縫い目をアイロンで落ち着かせる。

3 縫い代を0.5cmくらいにカットする。

4 縫い目に対して垂直に細かく切込みを入れる。

5 表に返す。

6 縫い代で縫い線を押し出すようにし、曲線を整え、縫い線をアイロンで押さえる。

でき上り

部分的に小さい曲線の場合

縫い代を細くカットし、さらに切込みを入れる。

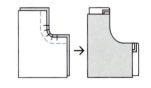

1 曲線を縫う（P.90を参照）。

2 縫い代を0.4〜0.5cmにカットし、曲線の部分に細かく切込みを入れる。

3 表に返してアイロンで押さえる。

とがった凸角を縫い返す

Point 折った角の縫い代をさらにしっかり折って収める。

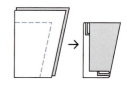

1 角を縫う（P.86を参照）。

2 縫い代を2枚一緒に縫い目で折る。

3 もう一辺も同様に縫い目で折る。

4 角の縫い代をさらに折りたたみ、でき上り内に収める。

5 角の縫い代を指で押さえ、表に返す（P.87を参照）。

6 目打ちを使って、角の部分を丁寧に整えアイロンで押さえる。

角の縫い代がかさばる場合

折り重なった縫い代が布の厚みでかさばる場合は、角の縫い代をカットする。

1 縫い目で折った後、重なってかさばる縫い代をカットする。

2 カットした縫い代を指で押さえて表に返し、角の部分を整え、アイロンで押さえる。

小さい曲線を縫い返す

Point 曲線の強い部分の縫い代を細くカットする。

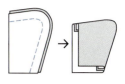

1 曲線を縫う（P.90を参照）。

2 曲線の強い部分の縫い代0.3cmくらいの幅にカットする。

3 指で曲線部分を押さえて持ち、そのまま押し出すように表に返す。

4 内側から指先で丸みを出す。

5 目打ちを使って丸みを少しずつ丁寧に整える。

6 アイロンで押さえる。

角と直線

角と直線を縫い合わせる

Point 切込みを入れたほうを上にして縫い進める。

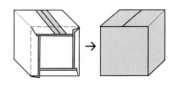

1 角になる位置に印をつける。

2 側面を筒に縫う。

3 底の1辺を縫い合わせる。

4 角になる側面側の縫い代に切込みを入れる。

5 切込みを開いて次の一辺と合わせる。

6 2辺めを縫い終えたところ。

7 同様に4辺とも縫う。

8 縫い代をアイロンで折る。　　**9** 表に返してアイロンで押さえ、エッジをきかせる。

でき上がった底

ミシンかけ

縫い返す　角と直線

曲線と直線

円と直線を縫い合わせる

Point 合い印を正確に合わせて円(底)を下にして縫う。

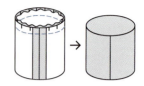

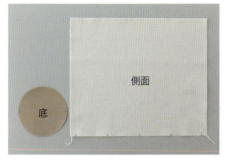

1 等間隔に合い印をつける。

2 側面を筒に縫う。

3 合い印を合わせてまち針を打つ。

4 切込みを入れると、曲線にそわせやすくなる。

5 縫い合わせる。

6 縫い終えたところ。

7 底部分を下にして、曲線の縫い線に少しずつアイロンを当て、エッジをきかせる。

でき上がった底

縁の始末
<small>ミシンかけ</small>

でき上りの周囲の縁の始末は、何気なく目が行きやすい部分です。別布やテープを使えば、いろいろと変化も楽しめるでしょう。工程の最後になることが多い作業ですが、最後まで気を抜かずに仕上げましょう。

バイアステープ

縦地や横地の布目に対して45°（＝バイアス）に裁断したテープ状の布地。
布目が通らない分、曲線にもなじみやすい。

バイアステープの作り方

Point きちんと45°で裁つこと。適当な斜めはよれる原因になる。

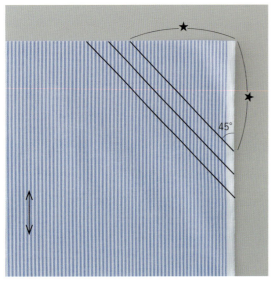

1 たて糸とよこ糸の布目を整えた布を
バイアスにカットする。

2 バイアステープをはぐ場合は、縦地、または横地の布目を通す。

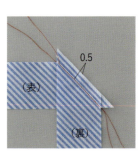

3 ミシンをかける。細かい縫い目にして返し縫いはしない。

4 縫い代を割り、はみ出した縫い代をカットする。

横地の布目ではいだ場合

四つ折りバイアステープの折り方

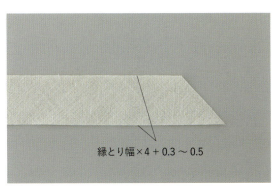

1 バイアステープの幅は、細くやせることがあるので、少し広めに裁つ。
縁とり幅×4＋0.3〜0.5

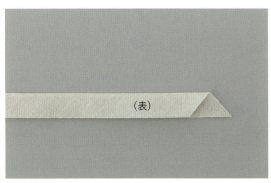

2 外表に半分に折る。
（表）

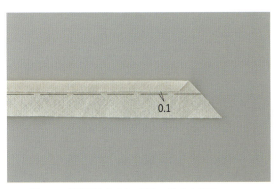

3 開いて、折り線から0.1cm控えて片方を折る。
0.1

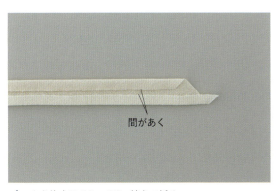

4 もう片方は0.2〜0.3cm控えて折る。
間があく

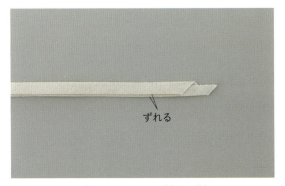

5 下側がやや広くなるように再び半分に折る。
ずれる

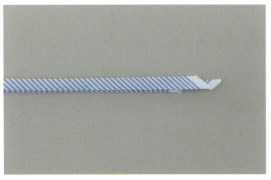

ストライプで作ったテープ

直線の縁とり

裁ち端を別裁ちの布を使って始末する。

バイアステープをつける

テープの上にステッチをかける

表と裏にステッチがかかるのでしっかりする。

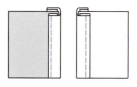

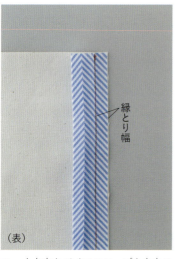

1 土台布とバイアステープを中表に合わせ、テープの折り目から0.1cmくらい縫い代側を縫う。

2 バイアステープで縫い代をくるむようにして裏に返す。

3 裏に返したバイアステープにまち針を打つ。

4 表からバイアステープの際にステッチをかけて押さえる。

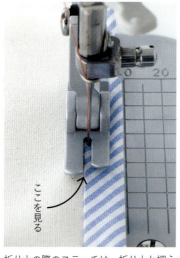

折り山の際のステッチは、折り山と押え金の位置を見てかけると縫いやすい。

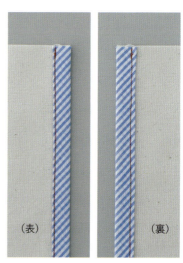

でき上り

ミシンかけ　縁の始末　直線の縁とり

テープの際にミシンをかける

表にステッチを目立たせたくないときに。

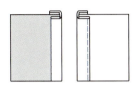

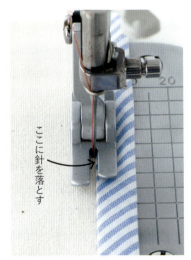

ここに針を落とす

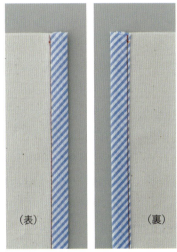

(表) (裏)

P.102の **1**〜**3**まで同様。表からテープの際にミシンをかける。

でき上り。表にステッチは目立たない。

ミシンかけ ・・・・・・ 縁の始末　直線の縁とり

曲線の縁とり

バイアステープを使って始末する。
曲線の凸凹によって、つけ寸法が変わる。

凸曲線

バイアステープつけ寸法（△）よりも、でき上りの外回り寸法（●）のほうが長いので、その分が不足しないようにつける。

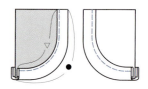

1 バイアステープを伸ばさないように土台布の裁ち端に中表に合わせ、まち針を打つ。

2 テープの折り目から0.1cmくらい縫い代側を縫う。

3 バイアステープで縫い代をくるむようにして裏に返す。

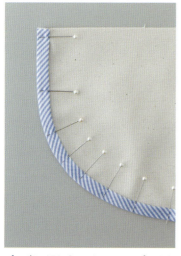

4 裏に返したバイアステープにまち針を打つ。

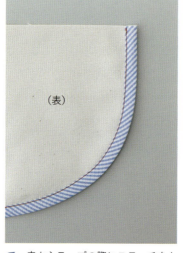

5 表からテープの際にステッチをかけて押さえる。

凹曲線

バイアステープつけ寸法(△)よりも、でき上りの外回り寸法(●)のほうが短いので、少し引っ張りぎみにつける。

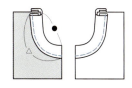

1 土台布とバイアステープの裁ち端を中表合わせ、テープを少し引っ張りぎみにしてまち針を打つ。土台布を伸ばさないように注意する。

2 テープの折り目から0.1cmくらい縫い代側を縫う。

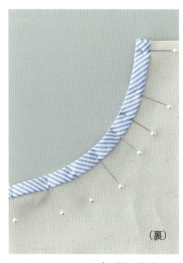

3 バイアステープで縫い代をくるむようにして裏に返し、まち針を打つ。

4 表からテープの際にステッチをかけて押さえる。

輪の縁とり

土台布の周囲や筒など輪になった部分を
縁とりするときの縫い方。

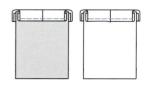

テープを重ねて縫う

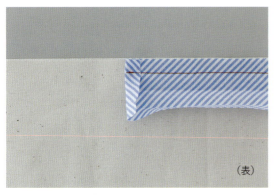

1 バイアステープの裁ち端を1cm折って中表に合わせて縫い始め、土台布を1周して1cmくらい重ねて縫い終える。

2 縫い代をくるんで裏に返す。

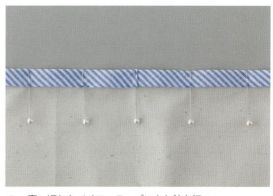

3 裏に返したバイアステープにまち針を打つ。

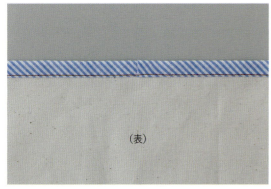

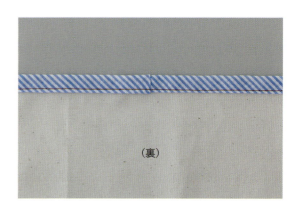

4 表からステッチをかける。

テープをはいで縫う

1 バイアステープを3〜4cm残して縫い始め、土台布を1周して、3cmくらい手前で縫い止める。

2 テープをはぐ位置を確認する。

3 まち針でとめ、ミシンで縫う（バイアステープのはぎ方P.100参照）

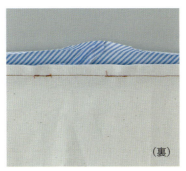

4 縫い代を0.5cmにカットして割り、土台布に縫う。

5 縫い代をくるんで裏に返す。

6 裏に返したバイアステープにまち針を打つ。

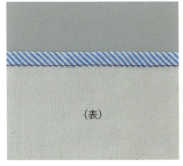

7 表からステッチをかける。

ミシンかけ・縁の始末　輪の縁とり

両折りバイアステープの折り方

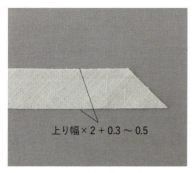

1 バイアステープの幅は、細くやせることがあるので少し広めに裁つ。

上り幅×2＋0.3〜0.5

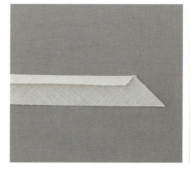

2 中央に向かって両側を折る。

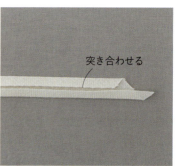

突き合わせる

ストライプ地で作ったテープ

見返しとして使う

直線

1 土台布のでき上り線とバイアステープの折り目を中表に合わせて縫う。

（表）

2 テープを裏に返して毛抜き合せ、またはテープを少し控えてアイロンで押さえ、まち針を打つ。

（表）　（裏）

（裏）　（表）

3 テープの端にステッチをかける。

凸曲線

1 土台布のでき上り線とバイアステープの折り目を中表に合わせて縫う。

2 テープを裏に返して毛抜き合せ、またはテープを少し控えてアイロンで押さえ、まち針を打つ。

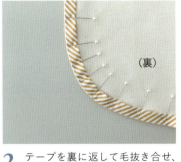

3 テープの端にステッチをかける。

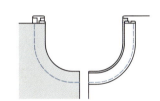

凹曲線

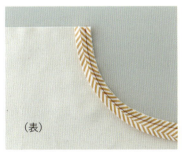

1 土台布のでき上り線とバイアステープの折り目を中表に合わせて縫う。

2 テープを裏に返して毛抜き合せ、またはテープを少し控えてアイロンで押さえ、まち針を打つ。

3 テープの端にステッチをかける。でき上り。

ミシンかけ　縁の始末　見返しとして使う

額縁

角を一定の幅で折り上げる始末。鋭角には適さない。
Point でき上りの状態に一度きちんとアイロンで折る。

二つ折り

1 でき上りにアイロンで折り、重なった裁ち端に印をつける。

2 いったん開く。

3 印と印を合わせ、中表に折る。

4 でき上りの角から裁ち端の印まで縫う。

5 角の縫い代を開く。

6 角のでき上りに縫い代がきれいに収まるように折る。

7 角を指先で押さえたまま表に返す。

8 目打ちで角を整える。

（裏）

（表）

厚地の場合や、縫い代がかさばる場合は縫い代をカットする（額縁三つ折り参照）。

三つ折り

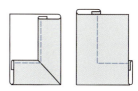

1 でき上りにアイロンで三つ折りし、重なった折り山に印をつける。

2 いったん開く。

3 印と印を合わせて中表に折り、でき上りの角から折り山の印まで縫う。

4 縫い代を1cmにカットする。

5 4の縫い代を割る。

6 裏に返す。

7 折り山の端にステッチをかける。

部分縫い
ミシンかけ

ここで取り上げている部分縫いは基本的なものです。もし縫い方に迷ったら、既存のものを見てみましょう。身近にある縫い上がったものには縫い方の見本がたくさんあります。お気に入りの服や袋物などが、どのように仕立てられているのか、何気なく見ていた部分も、「どう縫っているんだろう？」とじっくり見てみると、とても勉強になります。仕上がったものから得るヒントも参考にしながら進めてください。

ダーツ

Point ダーツ止りはなだらかに縫い消すようにミシンをかける。

1 ダーツ止りの手前の織り糸1本を、3、4針で消すように縫い、返し縫いをする。

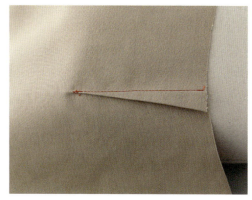

2 アイロンで片返しにする。袖まんじゅうやプレスボールの丸みを利用して、ダーツの先のアイロンをかけるとよりきれいに仕上がる。

でき上り（表）

まんじゅう（プレスボール）

丸みの部分などに使用するアイロン台。ダーツの先のアイロンかけに使いやすい。

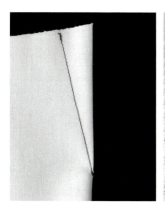

縫い消さないと、ダーツの先がとがった感じになりやすいので注意する。

ギャザー

ギャザーを寄せる

Point 縫い線に対して垂直にギャザーが流れる方向をそろえて、均等に整える。

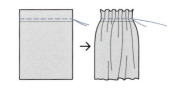

1 でき上がりより0.3cm縫い代側にやや粗い針目でミシンをかける。粗ミシンは1本でも2本でもいい。2本のほうがしっかりとまる。返し縫いをせずに糸を長めに残す。アイロン台に一方をまち針で固定し、でき上がり寸法の目印にまち針を刺しておく。

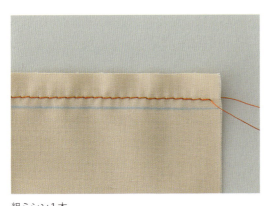

粗ミシン1本

粗ミシン2本

2 上糸、または下糸のどちらか一方を引いてギャザーを寄せる。

3 目打ちなどを使い、ギャザーを均等に整える。

目打ち

先のとがった金属製の用具。ミシンの縫い目や、しつけをほどいたり、縫い返した布を整えるときなどいろいろな用途に使える。

4 ギャザーを寄せた縫い代部分をアイロンで押さえる。

これでギャザーが動かずに縫合せが楽になる。

粗ミシンが大きすぎると……

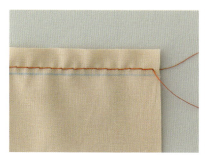

ギャザーではなく細かいひだ（タック）になってしまう。

ミシンかけ　部分縫い　ギャザー

スラッシュあき

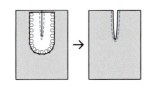

切込みを入れたあきのこと。見返しを使って縫い返す方法。
切込みが入り縫い代が細くなるので、
切込み部分の裏面と見返しの裏面に芯をはると補強になる。
Point スラッシュの部分の針目は細かくしてミシンをかける。

1 土台布と見返しを中表に合わせ、スラッシュの部分にミシンをかける。

2 スラッシュの部分の先ぎりぎりまで切込みを入れる。糸を切らないように注意する。

3 表に返し、毛抜き合せにアイロンで整える。

4 ステッチをかける。

ひも

長いひもを縫い返すのは大変なので、折りたたんで作る方法。

1枚布で作るひも

Point 角をきれいに折り込むため、端の縫い代は互い違いに折る。

1 でき上りのひも幅の4倍の幅で布を裁つ。

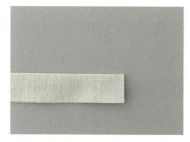

2 外表に裁ち端を合わせて半分に折る。

3 一度布を開き、折り山までをさらに半分に折る。

4 もう一方を半分に折る前に、角になる裁ち端を1cm折る。

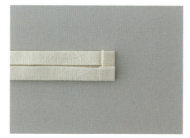

5 もう一方を折り山まで半分に折る。

6 後から折った縫い代の端を角の縫い代に折り込む。

7 目打ちを使って奥までしっかり折り込む。

8 折り山をきちんと合わせ、ステッチをかけて押さえる。

ファスナーつけ

ファスナーを使ってあきを作る。
ファスナーテープは熱に弱いタイプもあるので、
高温のアイロンを直接かけるのは避ける。

コンシールファスナーつけ

表にミシン目を出さずに、ファスナーあきが作れる。
コンシールファスナーはファスナー寸法の2〜3cm手前までしか縫えないので、
つけ位置のあき止りまでの寸法設定に注意する。

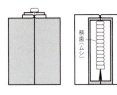

1 あき止りまでのファスナーがつく部分は粗ミシンで、あき止りから下は返し縫いをして普通に縫い合わせる。

2 縫い代を割り、ファスナーの裏が見えるように置く。

3 粗ミシンの縫い線にファスナーの中心を合わせる。

中心が合っているかを確認しながら縫い代のみにしつけでとめる。

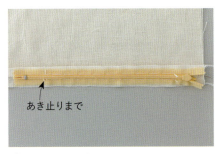

4 もう一方も同様に。

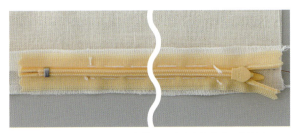

しつけはなるべくファスナーを縫いつける中心寄りにかける。

コンシールファスナー押えを使う

ミシンの備品としてセットされた片押えでもつけられるが、
コンシールファスナー押えを使うと簡単にできる。

コンシールファスナー押え

コンシールファスナーつけ専用でファスナーの務歯を起き上がらせるための溝がついたもの。2サイズあるので注意。

職業用・工業用押え　　家庭用押え

少し大きめのサイズ

通常よく使われるサイズ

5 ファスナーつけ部分の粗ミシンをほどく。

6 スライダーをあき止りから裏に出して、ファスナーの最後まで下ろす。

次のページに続く

ミシンかけ

部分縫い　ファスナーつけ

7 押えを替える。

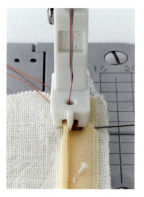

8 コンシールファスナー押えの溝に務歯（ムシ）を合わせて縫い進める。

9 ファスナーの務歯を起こすように手を添えるとより務歯の際に縫える。あき止りの近くは務歯が倒れてミシンが進みにくいので、目打ちの先で押し込むようにすると縫いやすい。

10 もう一方も同様に。

11 スライダーを表に引き出す。

12 ファスナーのとめ金はあき止りの位置まで移動させて、動かないようにペンチなどで締めておく。

でき上り（表）。

（裏）

パターンの補正

実物大パターンの中に欲しいサイズがないとき、少しだけサイズを変えたいときは、裁断前にパターンの補正をします。デザインとバランスを崩さない範囲での補正をしましょう。
付録のパターンを作り変えて、自分だけのパターンを持つことも手作りの喜びです。

丈の補正

スカート丈を変える

裾線でスカート丈を補正する

裾線に平行に変えたい寸法を増減する。
ただし、極端な寸法の増減は裾幅の増減にもなるので注意する。

基のパターン

スカート丈を長くする場合

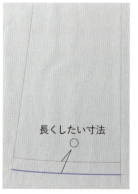

中心線と脇線は延長線を引き、丈を長くしたい寸法を裾線に平行に出す。前後同様に。

スカート丈を短くする場合

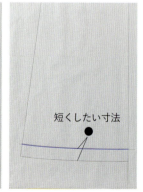

丈を短くしたい寸法を裾線に平行にカットする。前後同様に。

パンツ丈を変える

裾線でパンツ丈を補正する

裾線に平行に変えたい寸法を増減する。

基のパターン

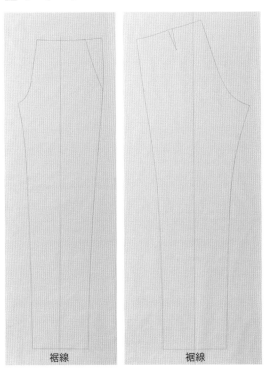

裾線　　　裾線

パンツ丈を長くする場合

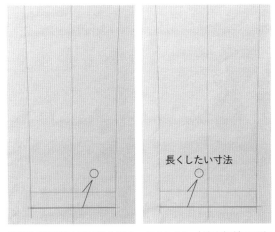

長くしたい寸法

脇線と股下線は延長線を引き、長くしたい寸法を裾線に平行に出す。前後同様に。

パンツ丈を短くする場合

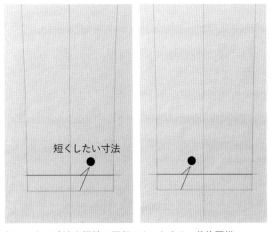

短くしたい寸法

短くしたい寸法を裾線に平行にカットする。前後同様に。

パンツ丈の中間で補正する

ひざのあたりに絞りがあるデザインなど、シルエットを変えたくないときはパターンの中間を切り開いて変えたい寸法を増減する。

基のパターン

股下線の中間くらいで、パターンのくびれているあたりを目安に布目線に垂直な線を引き、パターンを切り離す。

パターンの補正
丈の補正

サイズについて

パターンは既製服と同様に身幅でのサイズ展開が多く、着丈は日本人成人女子の平均とされる158cm位に合わせて作られている。身長によって丈を変えたい場合はこのことを参考に、デザインを崩さないようにパターンを補正する。

パターンはメンディングテープではり合わせる

メンディングテープ

紙がゆがまず、テープの上に書くこともできるつや消しのセロファンテープ。

パンツ丈を長くする場合

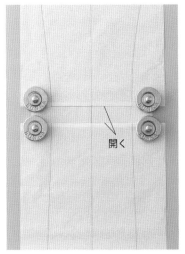

1 中心線がずれないように長くしたい寸法を開き、紙を足す。

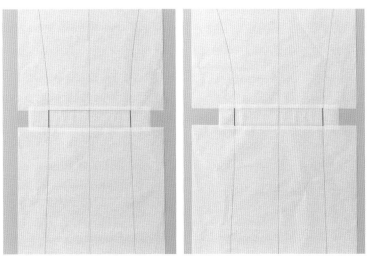

2 線をつながりよく引き直す。前後同様に。

パンツ丈を短くする場合

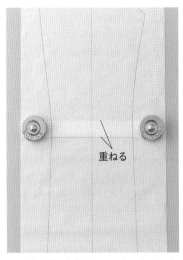

1 中心線がずれないように短くしたい寸法を重ねてとめる。

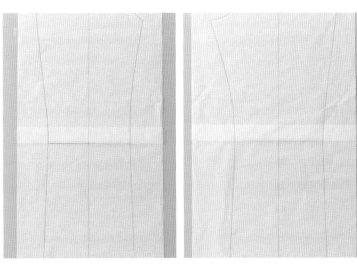

2 線をつながりよく引き直す。前後同様に。

パターンの補正

丈の補正

着丈を変える

裾線で着丈を補正する

裾のラインを変えずに着丈を変える場合、
裾線に平行に変えたい寸法を増減する。

基のパターン

着丈を長くする場合

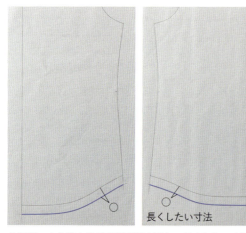

前端線、中心線と脇線は延長線を引き、長くしたい寸法を裾線に平行に出す。

着丈を短くする場合

短くしたい寸法を、裾線に平行にカットする。

着丈の中間で補正する

身長による丈の不具合は、裾線と着丈の中間に分散して増減する。変えたい寸法のうち1〜3cm程度を、パターンの中間で補正する。ウエストに絞りのあるデザインなどはバランスよく補正できる。

パターンのウエストライン、もしくは合い印やくびれているあたりを目安に、前後同じ位置で布目線に垂直な線を引き、パターンを切り離す。

着丈を長くする場合

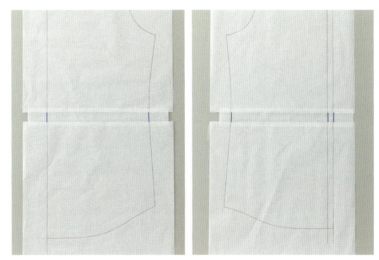

中心線がずれないように、長くしたい丈のうち1〜3cmを開いて、紙を足し、脇線はつながりよく引き直す。前後同様に。残りの長くしたい寸法分は裾線で補正する。

着丈を短くする場合

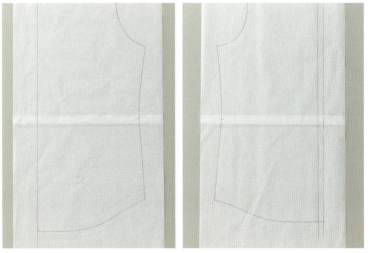

中心線がずれないように、短くしたい丈を中間で重ねてとめる。脇線はつながりよく引き直す。前後同様に。残りの短くしたい寸法分は裾線で補正する。

袖丈を変える

袖口線で袖丈を補正する

袖口線に平行に変えたい寸法を増減する。

基のパターン

袖口線

パターンの補正
丈の補正

0.3シャープペンシル

製図などに用いられる芯の細さが0.3mmのシャープペンシル。パターン作り、特に補正をするときのミリ単位で線を引く場合、より正確な寸法を引くことができる。

袖丈を長くする場合

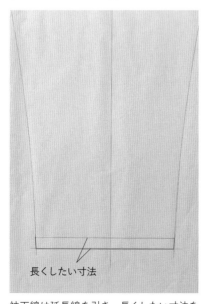

長くしたい寸法

袖下線は延長線を引き、長くしたい寸法を袖口線に平行に出す。

袖丈を短くする場合

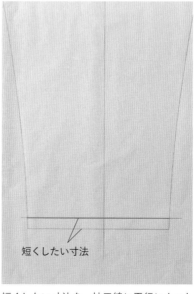

短くしたい寸法

短くしたい寸法を、袖口線に平行にカットする。

袖丈の中間で補正する

袖口寸法を変えたくないとき、袖口にタックやギャザー、
あきがあるときは、袖丈の中間を切り開いて変えたい寸法を増減する。

基のパターン

1　袖丈の中間あたりに布目線に垂直な線を引く。

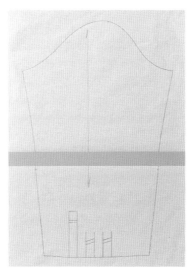

2　パターンを切り離す。

袖丈を長くする場合

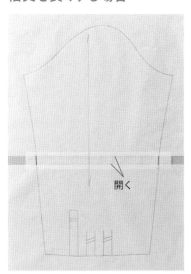

中心線がずれないように、長くしたい寸法を開き、紙を足す。袖下線をつながりよく引き直す。

袖丈を短くする場合

中心線がずれないように、短くしたい寸法を重ねてとめ、袖下線をつながりよく引き直す。

袖ぐりの補正（大きくする場合のみ）

パターン上で寸法をはかり、メジャーを使い体に当てて
ゆとりを確認する。
きつい、小さい場合、足りない寸法を切り開く。

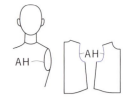

AH（アームホール）
袖ぐり、袖つけ線のこと。

ノースリーブ

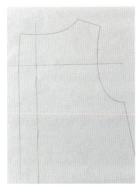  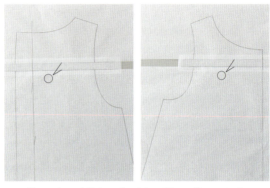

1 袖ぐりの中間に線を引く。

2 増やしたい寸法を½ずつを切り開く。線はつながりよく引き直す。

曲線のはかり方

曲線の寸法は、カーブにそって紙面と直角に接するように
方眼定規やメジャーを立ててはかる。

方眼定規（2.5×30cm）

5mm方眼入り。平行・直角線をはじめ、縫い代やピンタックの印つけに重宝。幅が狭い分、柔らかく曲げてはかることができる。

メジャー

人体の採寸や製図の曲線をはかるテープ状の物差し。

袖がつく場合

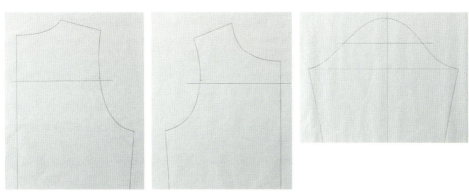

1 身頃の袖ぐり中間、袖山の中間に線を引く。

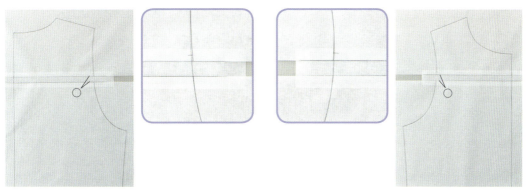

2 増やしたい寸法の½を各々切り開く。ずれた線は
つながりよく引き直し、パターンチェックをする。

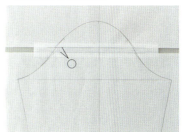

パターンチェック

線を引き直したら
必ず、縫い合わせる線の寸法を確認する。

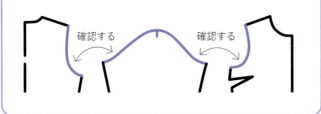

パターンの補正

袖ぐりの補正

INDEX

【あ】
アートナイフ〈ミシンかけ〉……… P.89
アームホールスケール〈パターン作り〉
……… P.9　P.14
アイロンかけ〈アイロンかけ〉……… P.18
アイロン台〈アイロンかけ〉……… P.19
アイロン台を使用する〈ミシンかけ〉… P.71
アイロンの温度〈アイロンかけ〉……… P.19
圧縮ニット〈ミシンかけ〉……… P.53
粗ミシンが大きすぎると…〈ミシンかけ〉
……… P.115

【い】
1本どり〈ミシンかけ〉……… P.59
1枚布で作るひも〈ミシンかけ〉……… P.117
糸切りばさみ〈ミシンかけ〉…… P.55, P.65
糸端を始末する場合〈ミシンかけ〉……… P.76
色ペンで目印をつける〈パターン作り〉P.12

【う】
ウーリー糸（高伸縮）〈ミシンかけ〉…… P.53
ウール地の縫い代を割る場合
〈ミシンかけ〉……… P.72
薄地など縫い代が透ける場合
〈ミシンかけ〉……… P.92
薄地は完全三つ折りがきれい
〈ミシンかけ〉……… P.81
写す前に印をつける〈パターン作り〉P.12
裏革〈ミシンかけ〉……… P.52
裏地〈ミシンかけ〉……… P.50

【え】
Hカーブルーラー〈パターン作り〉
……… P.9　P.15
Hカーブルーラーを使う〈パターン作り〉
……… P.15
衿ぐりに合わせる〈パターン作り〉P.14

【お】
大きな柄〈裁断〉……… P.42, P.44
置き水〈ミシンかけ〉……… P.72
凹カーブの場合〈アイロンかけ〉……… P.25
凹角を縫い返す〈ミシンかけ〉……… P.88
凹曲線〈ミシンかけ〉……… P.105, P.109
凹曲線を縫い返す〈ミシンかけ〉……… P.93
オックス〈ミシンかけ〉……… P.50
重し〈パターン作り〉……… P.9
重し〈裁断〉……… P.29
表革〈ミシンかけ〉……… P.52
表布と接着芯を粗裁ちして、
　芯をはってから裁断する〈裁断〉… P.37
表布と接着芯をそれぞれ裁断する
〈裁断〉……… P.37
折伏せ縫い〈ミシンかけ〉……… P.79

【か】
ガーゼ〈ミシンかけ〉……… P.50
カーブのはり方〈アイロンかけ〉……… P.25
返し縫い（職業用ミシン）〈ミシンかけ〉… P.64
返し縫い（家庭用ミシン）〈ミシンかけ〉… P.66
額縁〈ミシンかけ〉……… P.110
カッターで切込みを入れる
〈ミシンかけ〉……… P.89
カッターボード〈パターン作り〉……… P.9
カッターボード〈裁断〉……… P.29
家庭用アイロン表示の設定温度
〈アイロンかけ〉……… P.19
家庭用ミシンの針板〈ミシンかけ〉
……… P.66
角〈ミシンかけ〉……… P.86
角と直線〈ミシンかけ〉……… P.96
角の縫い代がかさばる場合〈ミシンかけ〉
……… P.87, P.94
角の補強〈ミシンかけ〉……… P.89
角を表に返す〈ミシンかけ〉……… P.87
角を縫う〈ミシンかけ〉……… P.86
完全三つ折り〈ミシンかけ〉……… P.80

【き】
きせ〈ミシンかけ〉……… P.70
きせをかける場合〈ミシンかけ〉……… P.70
着丈の中間で補正する〈パターンの補正〉
……… P.127
着丈を変える〈パターンの補正〉……… P.126
着丈を長くする場合〈パターンの補正〉
……… P.126, P.127
着丈を短くする場合〈パターンの補正〉
……… P.126　P.127
基本の打ち方〈ミシンかけ〉……… P.56
基本のかけ方〈アイロンかけ〉……… P.20
基本の縫い方〈ミシンかけ〉……… P.62
基本のはり方〈アイロンかけ〉……… P.23
ギャザー〈パターン作り〉……… P.11
ギャザー〈ミシンかけ〉……… P.114
ギャザーを寄せる〈ミシンかけ〉……… P.114
キャンバス〈ミシンかけ〉……… P.51
曲線〈ミシンかけ〉……… P.90
曲線と直線〈ミシンかけ〉……… P.98
曲線のはかり方〈パターンの補正〉……… P.130
曲線の縁とり〈ミシンかけ〉……… P.104
曲線を写す〈パターン作り〉……… P.14
曲線を表に返す〈ミシンかけ〉……… P.91
曲線を縫い返す〈ミシンかけ〉……… P.90
曲線を縫う〈ミシンかけ〉……… P.90
切りじつけ〈裁断〉……… P.41
霧吹き〈アイロンかけ〉……… P.19
きれいに仕上げるために〈ミシンかけ〉
……… P.92

【く】
クリップ〈ミシンかけ〉……… P.57
クリップでとめる〈ミシンかけ〉……… P.57
黒い芯とテープ〈アイロンかけ〉……… P.27

【け】
毛足のある布地〈ミシンかけ〉……… P.43
消しゴム〈パターン作り〉……… P.9
毛抜き合せ〈ミシンかけ〉……… P.85

【こ】
コーデュロイ（コール天）〈裁断〉……… P.48
コーデュロイ（コール天）〈ミシンかけ〉
……… P.51
合成皮革〈ミシンかけ〉……… P.52
工程中のかけ方〈アイロンかけ〉……… P.21
5オンスデニム〈ミシンかけ〉……… P.50
細かなアイロン作業に便利な竹定規
〈ミシンかけ〉……… P.82
コンシールファスナー押え〈ミシンかけ〉
……… P.119
コンシールファスナー押えを使う
〈ミシンかけ〉……… P.119
コンシールファスナーつけ〈ミシンかけ〉
……… P.118

【さ】
裁断〈裁断〉……… P.28
逆毛〈裁断〉……… P.43
差込み〈裁断〉……… P.33
三角チョーク〈裁断〉……… P.29, P.35
3本ロックのかがり目〈ミシンかけ〉… P.76

【し】

- シーチング〈ミシンかけ〉 P.50
- 仕上げ馬〈アイロンかけ〉 P.19
- 仕上げ馬〈ミシンかけ〉 P.71
- ジグザグミシン〈ミシンかけ〉 P.75
- しつけ糸〈裁断〉 P.41
- しつけをかける〈ミシンかけ〉 P.58
- 地直し〈アイロンかけ〉 P.22
- 地直し、しわを伸ばすかけ方〈アイロンかけ〉 P.20
- 地の目線〈パターン作り〉 P.11
- シャープペンシル〈パターン作り〉 P.9
- シャツ〈裁断〉 P.32, P.33
- ジャネット仕上げ馬〈ミシンかけ〉 P.71
- 11号帆布〈ミシンかけ〉 P.51
- 12オンスデニム〈ミシンかけ〉 P.51
- 上下と方向のある柄〈裁断〉 P.42
- 上下のある柄〈裁断〉 P.42
- 印つけ〈裁断〉 P.38
- しろも〈ミシンかけ〉 P.59
- しろもの使い方〈ミシンかけ〉 P.59
- シングルステッチ〈ミシンかけ〉 P.79
- 芯地の裁断〈裁断〉 P.37
- 人工皮革〈ミシンかけ〉 P.52

【す】

- スウェット〈ミシンかけ〉 P.53
- スムース〈ミシンかけ〉 P.53
- スカート（重ね裁ち）〈裁断〉 P.32, P.33
- スカート丈を変える〈パターンの補正〉 P.122
- スチームアイロン〈アイロンかけ〉 P.19
- ステッチ定規〈ミシンかけ〉 P.63
- ステッチをかける〈ミシンかけ〉 P.82
- 捨てミシ〈ミシンかけ〉 P.74
- スラッシュあき〈ミシンかけ〉 P.116
- 裾線で着丈を補正する〈パターンの補正〉 P.126
- 裾線でスカート丈を長くする場合〈パターンの補正〉 P.122
- 裾線でスカート丈を補正する〈パターンの補正〉 P.122
- 裾線でスカート丈を短くする場合〈パターンの補正〉 P.122
- 裾線でパンツ丈を補正する〈パターンの補正〉 P.123

【せ】

- 接着芯〈アイロンかけ〉 P.26
- 接着芯のはり方〈アイロンかけ〉 P.23
- 接着テープ〈アイロンかけ〉 P.27
- 接着テープのはり方〈アイロンかけ〉 P.24
- 全面芯〈裁断〉 P.37

【そ】

- 袖がつく場合〈パターンの補正〉 P.131
- 袖口線で袖丈を補正する P.128
- 袖ぐりに合わせる〈パターン作り〉 P.14
- 袖ぐりの補正〈パターンの補正〉 P.130
- 袖まんじゅう・仕上げ馬を使用する〈ミシンかけ〉 P.71
- 袖まんじゅう〈アイロンかけ〉 P.19
- 袖まんじゅう〈ミシンかけ〉 P.71
- 袖丈の中間で補正する〈パターンの補正〉 P.129
- 袖丈を変える〈パターンの補正〉 P.128
- 袖丈を長くする場合〈パターンの補正〉 P.128, P.129
- 袖丈を短くする場合〈パターンの補正〉 P.128, P.129
- 外表〈裁断〉 P.30
- ソフトルレット〈裁断〉 P.29, P.39

【た】

- ダーツ〈パターン作り〉 P.11
- ダーツ〈ミシンかけ〉 P.113
- ダーツ止り〈裁断〉 P.39
- 竹定規〈ミシンかけ〉 P.55, P.82
- 丈の二つ折り〈裁断〉 P.30
- 丈の補正〈パターンの補正〉 P.122
- 裁合せ〈裁断〉 P.32
- 裁合せ例〈裁断〉 P.32
- 裁切り線をしるして裁つ〈裁断〉 P.35
- 裁ちばさみ〈裁断〉 P.29, P.34
- 裁ちばさみで裁断する〈裁断〉 P.34
- タック〈パターン作り〉 P.11
- ダブルガーゼ〈ミシンかけ〉 P.50
- ダブルステッチ〈ミシンかけ〉 P.79
- 玉止め〈ミシンかけ〉 P.61
- 玉結び〈ミシンかけ〉 P.60
- 試し縫いをする〈ミシンかけ〉 P.62
- 試しばり〈アイロンかけ〉 P.23
- 試しばり〈裁断〉 P.37
- ダンガリー〈ミシンかけ〉 P.50

【ち】

- チェック柄〈裁断〉 P.43, P.46
- チノクロス〈ミシンかけ〉 P.51
- 注意したい縫い代つけ〈パターン作り〉 P.16
- チョーク〈裁断〉 P.29
- チョークペーパー〈裁断〉 P.29
- チョークペーパーを使わない印つけ〈裁断〉 P.39
- チョークペンシル〈裁断〉 P.29
- 直線〈ミシンかけ〉 P.108
- 直線の縁とり〈ミシンかけ〉 P.102
- 直線を写す〈パターン作り〉 P.13

【つ】

- ツイード〈ミシンかけ〉 P.51
- 突合せ〈パターン作り〉 P.11
- 筒の縫い代を割る、片返しにする〈ミシンかけ〉 P.71

【て】

- テープの上にステッチをかける〈ミシンかけ〉 P.102
- テープの際にミシンをかける〈ミシンかけ〉 P.103
- Dカーブルーラー〈パターン作り〉 P.9, P.14
- Dカーブルーラーを使う〈パターン作り〉 P.14
- T/Cブロード〈ミシンかけ〉 P.50
- でき上り線をしるしたいとき〈裁断〉 P.41
- テフロン押え〈ミシンかけ〉 P.52
- 天竺〈ミシンかけ〉 P.53

【と】

- 道具〈パターン作り〉 P.9
- 道具〈アイロンかけ〉 P.19
- 道具〈裁断〉 P.29
- 道具〈ミシンかけ〉 P.55
- とがった凸角を縫い返す〈ミシンかけ〉 P.94
- 特殊素材〈ミシンかけ〉 P.52
- 凸カーブの場合〈アイロンかけ〉 P.25
- 凸角を縫い返す〈ミシンかけ〉 P.86
- 凸曲線〈ミシンかけ〉 P.104, P.109
- ドライアイロン〈アイロンかけ〉 P.19
- トレーシングペーパーを敷いて縫う 返し縫い〈ミシンかけ〉 P.67

【な】

中表〈裁断〉 P.30
並毛〈裁断〉 P.43

【に】

ニット地〈ミシンかけ〉 P.53
ニット素材にステッチをかける〈ミシンかけ〉 P.83
ニット用ミシン糸〈ミシンかけ〉 P.53
2枚袖〈パターン作り〉 P.17
2本どり〈ミシンかけ〉 P.58

【ぬ】

縫合せの基本〈ミシンかけ〉 P.54
縫い返す〈ミシンかけ〉 P.84
縫い代・折り代の始末〈ミシンかけ〉 P.73
縫い代なしのパターンで裁つ〈裁断〉 P.40
縫い代を片返しにする〈ミシンかけ〉 P.69, P.74, P.77
縫い代をつける〈パターン作り〉 P.15
縫い代を割る〈ミシンかけ〉 P.68, P.74, P.77
縫い代を割る、片返しにする〈ミシンかけ〉 P.68
縫い幅を決めて縫う〈ミシンかけ〉 P.63
縫い目を落ち着かせる〈ミシンかけ〉 P.68
布地の裏面に印をつける〈裁断〉 P.38
布地の表面に印をつける〈裁断〉 P.38
布地の重ね方〈裁断〉 P.30
布地の柄と方向性〈裁断〉 P.42
布地を合わせる〈裁断〉 P.30
布地を重ねるときの注意〈裁断〉 P.31
布地を裁つ〈裁断〉 P.34
布地をなでるようにすると…〈裁断〉 P.31
布地を二つ折りにして重ねる〈裁断〉 P.30
布と糸と針〈ミシンかけ〉 P.50
布の内側にかける〈ミシンかけ〉 P.75
布の裁ち端にかける〈ミシンかけ〉 P.75
布目線〈パターン作り〉 P.11
布目を変えて裁つ〈裁断〉 P.46

【の】

ノースリーブ〈パターンの補正〉 P.130
ノッチ〈裁断〉 P.36

【は】

バイアステープ〈ミシンかけ〉 P.100
バイアステープの作り方〈ミシンかけ〉 P.100
バイアステープをつける〈ミシンかけ〉 P.102
はけ〈アイロンかけ〉 P.19
はけ〈ミシンかけ〉 P.72
端にステッチをかける〈ミシンかけ〉 P.89
パターン仕上り寸法と参考ヌード寸法〈パターン作り〉 P.10
パターン上の記号〈パターン作り〉 P.11
パターンチェック〈パターンの補正〉 P.131
パターン作り〈パターン作り〉 P.8
パターンの上に紙をのせる〈パターン作り〉 P.13
パターンの選び方〈パターン作り〉 P.10
パターンの上下をそろえずに裁つ（差込み）〈裁断〉 P.33
パターンの上下をそろえて裁つ〈裁断〉 P.32
パターンはメンディングテープではり合わせる〈パターンの補正〉 P.124
パターンの補正 P.121
パターンを写す〈パターン作り〉 P.12
パターンをまち針でとめて裁つ〈裁断〉 P.34
8号帆布〈ミシンかけ〉 P.51
ハトロン紙〈パターン作り〉 P.9, P.13
パネルラインの袖ぐり〈パターン作り〉 P.17
幅の二つ折り〈裁断〉 P.30
はる位置〈アイロンかけ〉 P.24
針跡が残る場合〈ミシンかけ〉 P.57
パンツ（重ね裁ち）〈裁断〉 P.32, P.33
パンツ丈の中間で補正する〈パターンの補正〉 P.124
パンツ丈を変える〈パターンの補正〉 P.123
パンツ丈を長くする場合〈パターンの補正〉 P.123, P.125
パンツ丈を短くする場合〈パターンの補正〉 P.123, P.125

【ひ】

控える〈ミシンかけ〉 P.85
ビニール〈ミシンかけ〉 P.52
ビニール板〈パターン作り〉 P.9
ビニール板〈裁断〉 P.29
ひも〈ミシンかけ〉 P.117
広幅の三つ折り〈裁断〉 P.81
ピンクッション〈ミシンかけ〉 P.55

【ふ】

ファスナーつけ〈ミシンかけ〉 P.118
フェイクファー〈ミシンかけ〉 P.52
袋縫い〈ミシンかけ〉 P.78
二つ折り〈ミシンかけ〉 P.110
部分的に小さい曲線の場合〈ミシンかけ〉 P.93, P.95
フラノ〈ミシンかけ〉 P.51

【へ】

ヘリンボーン〈ミシンかけ〉 P.51

【ほ】

方眼定規(50cm)〈パターン作り〉 P.9, P.13
方眼定規(30cm)〈パターン作り〉 P.9, P.15
方向のある柄〈裁断〉 P.42
ポケット位置〈裁断〉 P.38

【ま】

前あきの衿ぐり〈パターン作り〉 P.16
まち針〈ミシンかけ〉 P.56
まち針・ピンクッション〈裁断〉 P.29
まち針を打つ〈ミシンかけ〉 P.56
まつる〈ミシンかけ〉 P.83
まんじゅう〈アイロンかけ〉 P.19
まんじゅう（プレスボール）〈ミシンかけ〉 P.113

【み】

三つ折り〈ミシンかけ〉 P.80
ミシン糸90番〈ミシンかけ〉 P.50
ミシン糸50〜60番〈ミシンかけ〉 P.50
ミシン糸30番〈ミシンかけ〉 P.51
ミシンかけ〈ミシンかけ〉 P.49
ミシン上のガイド〈ミシンかけ〉 P.63
ミシンの返し縫いボタン（レバー）を使わない返し縫い〈ミシンかけ〉 P.67
ミシン針9〜11番〈ミシンかけ〉 P.50
ミシン針14番〈ミシンかけ〉 P.50
ミシン針16番〈ミシンかけ〉 P.51

【め】

目打ち〈裁断〉 P.29, P.39
目打ち〈ミシンかけ〉 P.55, P.115

メジャー〈パターン作り〉……………P.9
メジャー〈パターンの補正〉…………P.130
メンディングテープ〈パターンの補正〉
……………………………………P.124
綿ブロード〈ミシンかけ〉……………P.50

【よ】
楊柳〈ミシンかけ〉……………………P.51
横地の布目ではいだ場合
〈ミシンかけ〉……………………P.100
四つ折りバイアステープの折り方
〈ミシンかけ〉……………………P.101
4本ロックで地縫いをする
〈ミシンかけ〉……………………P.77
4本ロックのかがり目〈ミシンかけ〉
……………………………………P.76

【ら】
ラミネート〈ミシンかけ〉……………P.52

【り】
リネン（麻布）〈ミシンかけ〉………P.51
リブ（フライス）〈ミシンかけ〉……P.53
裏面に力芯や接着テープをはる
〈ミシンかけ〉……………………P.89

【る】
ルレット〈裁断〉………………P.29, P.39

【れ】
レザー用ミシン針〈ミシンかけ〉……P.52

【ろ】
ロータリーカッター〈裁断〉
……………………………P.29, P.36
ロータリーカッターで裁断する〈裁断〉
……………………………………P.36
ローン〈ミシンかけ〉…………………P.50
ロックミシン〈ミシンかけ〉…………P.76
ロックミシンの糸〈ミシンかけ〉……P.53

【わ】
ワッフル〈ミシンかけ〉………………P.51
わに裁つ〈パターン作り〉……………P.11

［道具について］
この本で使用している道具は市販されています。アイロンやアイロン台は特別なものではなく一般的な家庭用のものを使っています。

●ミシン
〈P.65〉　ブラザーヌーベルクチュールBUNKA（職業用ミシン）

●ミシン
〈P.67〉　JUKI HZL-FQ45（家庭用コンピューターミシン）

●ロックミシン
〈P.77〉　JUKI（3本、4本併用ロックミシン）

●洋裁道具
〈P.9〉　ハトロン紙、シャープペン、消しゴム、重し、方眼定規（50cm）、方眼定規（30cm）、Hカーブルーラー、Dカーブルーラー、アームホールスケール、メジャー、ビニール板、カッターボード
〈P.19〉　仕上げ馬、まんじゅう、袖まんじゅう、はけ、ドライアイロン
〈P.29〉　ソフトルレット、ルレット、目打ち、チョーク、三角チョーク、チョークペンシル、裁ちばさみ、ロータリーカッター＆替刃、チョークペーパー
〈P.36〉　ロータリーカッター＆替刃
〈P.41〉　しつけ糸
〈P.50〉　ミシン針（家庭用、工業用）
〈P.52〉　テフロン押え（工業用）、ミシン針（レザー用）、ロックミシン糸（90番、ウーリー糸）
〈P.53〉　ニット用ミシン糸
〈P.55〉　糸切りばさみ、竹定規、家庭用ミシン（ジューキ）、職業用ミシン（ブラザーヌーベルクチュール文化）、ロックミシン（ジューキ）
〈P.72〉　はけ
〈P.89〉　アートナイフ
〈P.119〉　コンシールファスナー押え（家庭用、職業用）、
〈P.124〉　メンディングテープ

［上記の洋裁道具のお問合せ］

学校法人文化学園　文化購買事業部
〒151-8521　東京都渋谷区代々木3-22-1
TEL 03(3299)2034 / FAX 03(3379)9908
※2019年3月現在の取扱いの商品です。

「つよせ」
〒164-0001　東京都中野区中野5-66-5
TEL 03(3387)6231 / FAX 03(3387)6235
※2019年3月現在の取扱いの商品です。

水野佳子（みずの よしこ）

ソーイングデザイナー。1971年生れ。文化服装学院アパレルデザイン科卒。アパレル会社のアトリエと企画室勤務の後、フリーになる。"縫う"を軸に、衣装製作やサンプル縫製、講師など幅広い分野で活躍、多忙な日々を送っている。

ブックデザイン	楯 まさみ
撮影	安田如水（文化出版局）
デジタルトレース	文化フォトタイプ
校閲	向井雅子
編集	平山伸子（文化出版局）

きれいに縫うための
パターン 裁断 縫い方 の基礎の基礎

2019年 3月17日　第1刷発行
2021年12月22日　第2刷発行

著　者	水野佳子
発行者	濱田勝宏
発行所	学校法人文化学園文化出版局
	〒151-8524 東京都渋谷区代々木3-22-1
	tel.03-3299-2487（編集）
	tel.03-3299-2540（営業）
印刷・製本所	株式会社文化カラー印刷

©Yoshiko Mizuno 2019 Printed in Japan
本書の写真、カット及び内容の無断転載を禁じます。

・本書のコピー、スキャン、デジタル化等の無断複製は著作権法上での例外を除き、禁じられています。本書を代行業者の第三者に依頼してスキャンやデジタル化することは、たとえ個人や家庭内の利用でも著作権法違反になります。
・本書で紹介した作品の全部または一部を商品化、複製頒布、及びコンクールなどの応募作品として出品することは禁じられています。
・撮影状況や印刷により、作品の色は実物と多少異なる場合があります。ご承承ください。

文化出版局のホームページ　http://books.bunka.ac.jp/